2015 개정 교육과정

체육 혁신 수업 시리즈

농구 워크북

씨마스 | 체육교과연구회

✳ 농구는 우리나라 중·고등학생 특히 남학생들이 가장 선호하는 종목 중 하나이다. 학생들이 선호하는 종목을 체육 수업에 적용하는 것은 어찌 보면 너무나 당연하다. 문제는 농구로 체육 수업을 하는 데 있어 '**어떻게 교육과정을 구현해야 하는가?**'와 '**농구를 좋아하지 않는 일부 학생들을 수업에 어떻게 참여시켜야 하는가?**' 하는 현실적인 문제이다.

여기서는 이러한 문제를 해소하기 위해 학생들이 농구에 흥미를 보일만한 주제들을 선정하고, 주제별로 중·고 교육과정에서 내용 요소와 성취 기준을 재구성함으로써 교육과정의 목표가 자연스럽게 구현되도록 하였다. 각각의 주제는 교육과정의 효과적인 구현과 학교급, 학년 간, 교과 간의 차이를 고려하여 차시 비중을 달리하여 수업에 적용할 수 있다.

이 자료의 활용법

- 이 워크북은 중학교 및 고등학교 선생님들이 농구 종목으로 체육 수업을 진행할 때 참고로 활용하도록 개발한 자료입니다. 따라서 각 학교에서 사용하는 교과서의 구성과 다소 차이가 있을 수 있습니다.

- 이 워크북의 주제는 2015 체육과 교육과정(중학교 및 고등학교)을 분석하여 선정하였습니다. 따라서 중·고등학교 체육 시간의 농구 수업을 설계할 때 교육과정을 준수하며 수업을 진행할 수 있습니다.

- 모든 주제는 중·고등학교 체육과의 교과별 교육과정에 따른 성취 기준을 공통으로 달성할 수 있는 것을 선별하였습니다. 따라서 내용에 따라 일부는 중학교 체육 또는 고등학교 체육, 고등학교 운동과 건강, 고등학교 스포츠 생활 교과에만 한정하여 적용되는 것들도 있을 수 있습니다. 이러한 부분은 해당 교과에 맞게 내용을 적절히 수정하여 사용하도록 합니다.

- 각 주제에 대한 적정 학습 시간을 개략적으로 제시하고 있으나 전체 수업 시수와 단원 또는 종목별 비중을 감안하여 적절히 조정하여 활용하도록 합니다.

차례

농구 수업 매트릭스

다음은 농구를 활용한 체육 수업 계획안이다. 학교 여건이나 필요에 따라 더 다양한 주제들을 추가하고 교육과정의 내용 요소와 성취 기준을 분석하고 적용하여 좀 더 풍성한 체육 수업이 될 수 있도록 한다.

주제	권고 시수	내용 요소	주요 기능	평가		관련 교과 역량	비고
				평가 요소	평가 방법		
주제 1 농구의 역사와 특성 알아보기	1~2	중체 영역형 경쟁 스포츠의 역사와 특성 고체 경쟁 스포츠의 가치 스생 스포츠의 역할과 특성/ 스포츠와 사회 문화/ 스포츠와 경기 문화	조사하기 분석하기 탐구하기	• 농구 역사 관련 자료 수집 및 분석	• 서술형 평가 • 비주얼 싱킹 • 자료 발표	건강 관리 능력	학교급별 수준과 교과목별 성격 및 목표를 감안하여 적절히 내용을 수정하여 활용한다.
주제 2 농구 기능 활용 체력 운동 프로그램 만들기	3~4	중체 체력 증진과 관리 고체 자신의 체력 관리 설계 운건 운동과 체력 증진	조사하기 분석하기 실천하기 경기하기 평가하기	• 농구 기능을 이용한 체력 관리 • 농구 기능 훈련 계획과 실천 • 운동 실천을 통한 자기 관리	• 체력 운동 프로그램 개발 • 프로젝트 평가 • 보고서 • 서술형 평가	건강 관리 능력 신체 수련 능력 경기 수행 능력	″
주제 3 드리블! 슛! 꿈을 향한 도전과 희망	3~4	중체 영역형 경쟁 스포츠의 경기 기능과 과학적 원리 고체 경쟁 스포츠의 경기 수행 운건 운동과 체력 증진 스생 스포츠와 경쟁	조사하기 분석하기 실천하기 경기하기 평가하기	• 드리블과 슛 이해하기 • 드리블 및 슛 기본 동작 익히기 • 드리블 및 슛 연습하기 • 드리블 및 슛 숙련하여 적용하기	• 운동 기능 수행 • 서술형 평가	건강 관리 능력 신체 수련 능력 경기 수행 능력	″
주제 4 패스와 캐치! 꿈을 향한 도전과 희망	3~4	중체 영역형 경쟁 스포츠의 경기 기능과 과학적 원리 고체 경쟁 스포츠의 경기 수행 운건 운동과 체력 증진 스생 스포츠와 경쟁	조사하기 분석하기 실천하기 경기하기 평가하기	• 패스와 캐치 이해하기 • 패스의 기본 동작 익히기 • 패스 연습하기 • 패스 숙련 및 적용하기	• 운동 기능 수행 • 서술형 평가	건강 관리 능력 신체 수련 능력 경기 수행 능력	″

중체 : 중학교 「체육」

고체 : 고등학교 「체육」

운건 : 고등학교 「운동과 건강」

스생 : 고등학교 「스포츠 생활」

주제	권고 시수	내용 요소	주요 기능	평가		관련 교과 역량	비고
				평가 요소	평가 방법		
주제 5 포지션별 역할과 특징 이해하기	1~2	중체 영역형 경쟁 스포츠의 경기 방법과 전략 고체 경쟁 스포츠의 경기 전략 운건 운동과 체력 증진 스생 스포츠와 경쟁	조사하기 분석하기 실천하기 경기하기 평가하기	• 포지션별 역할과 특징 이해하기 • 포지션 선정의 적절성 • 경기 상황에서 포지션 전략 적용하기	• 보고서 • 포지션 적합도 점검 • 포지션별 주요 기능 수행 • 서술형 평가	경기 수행 능력	〃
주제 6 공격 및 수비 전술 익히기	3~4	중체 영역형 경쟁 스포츠의 경기 방법과 전략 고체 경쟁 스포츠의 경기 전략 운건 운동과 체력 증진 스생 스포츠와 경쟁	조사하기 분석하기 실천하기 경기하기 평가하기	• 전략 구안 및 분석 • 비판적 사고 • 창의적 사고	• 모둠 보고서 • 서술형 평가	경기 수행 능력	〃
주제 7 모둠별 농구 리그 경험하기	4~6	중체 영역형 경쟁 스포츠의 경기 방법과 전략 고체 경쟁 스포츠의 경기 전략 스생 스포츠와 경쟁	경기하기 평가하기 생활화하기	• 도전 정신 • 체력 증진 • 문제 해결 • 갈등 조정 능력 • 나눔과 배려 • 협동과 협업	• 보고서 • 경기 수행 능력 평가 • 서술형 평가	신체 수련 능력 경기 수행 능력	〃
주제 8 페어플레이로 행복한 농구 축제	4-6	중체 페어플레이 고체 경기 예절 운건 운동과 안전 스생 스포츠와 경쟁	실천하기 조사하기 경기하기 평가하기 생활화하기	• 정보 활용 • 확산적 사고 • 목표 설정 • 존중과 공감	• 역할별 활동 보고서 • 체크 리스트 • 경기 수행 능력 • 서술형 평가	경기 수행 능력	〃
주제 9 농구로 꿈꾸는 나의 미래	1~2	중체 영역형 경쟁 스포츠의 역사와 특성 고체 경쟁 스포츠의 가치 스생 스포츠의 역할과 특성	조사하기 분석하기	• 자기 이해력 • 자아 정체성	• 서술형 평가	건강 관리 능력 (자기 관리)	〃

영역	경쟁_ 영역형 경쟁	신체 활동	농구	권고 차시	1~2
수업 목표	• 농구의 역사와 특성을 이해할 수 있다. • 농구가 대중적인 스포츠가 된 과정을 이해할 수 있다. • 농구 스타에 대해 알아보고, 최고가 되기 위한 노력의 중요성을 인식할 수 있다.				
교과 역량	경기 수행 능력				
성취 기준	[9체03-01] 영역형 경쟁 스포츠의 역사와 특성을 이해하고, 경기 유형, 인물, 기록, 사건 등을 감상하고 분석한다. [12체육03-01] 경쟁 스포츠에 참여하는 과정에서 여러 유형의 경쟁 스포츠에 대한 비교·분석을 통해 경쟁 스포츠의 가치를 탐색한다. [12스생01-01] 현대 사회에서 제도화된 스포츠의 의미를 이해하고 스포츠의 역할과 특성을 탐색한다. [12스생01-02] 스포츠가 문화에 미치는 영향과 문화가 스포츠에 미치는 영향을 비교·분석하여 문화로서의 스포츠를 이해한다. [12스생01-03] 스포츠의 관행, 규범, 제도 등 스포츠 경기와 관련된 문화를 분석하여 스포츠 경기에서 요구되는 경기 문화를 판단한다.				
수업의 흐름	농구의 역사 탐색하기 ➜ 농구가 대중 스포츠가 된 과정 탐색하기 ➜ 농구 스타 알아보기				

과정 중심 수업·평가	교수·학습 활동	수업 방법	평가 방법
	• 농구의 역사 탐색하기 – 농구는 어떻게 탄생했을까? – 농구는 어떻게 여러 나라로 전파되었을까? • 농구가 우리나라에서 대중 스포츠가 된 과정 탐색하기 – 우리나라에서 농구는 어떻게 인기 있는 대중 스포츠가 되었을까? • 농구 스타 알아보기 – 우리가 좋아하는 농구 스타!	• 토의·토론식	• 비주얼 싱킹 • 자료 발표 • 서술형 평가

수업 활동	지도 Tip
(1) 농구의 역사 탐색하기 – 스마트폰, PC, 교과서, 관련 서적 등 다양한 자료를 활용하여 농구의 역사에 대한 정보를 수집한다. – 비주얼 싱킹을 활용하여 수집한 정보를 알기 쉽고 흥미롭게 표현한다. **(2) 농구가 우리나라에서 대중 스포츠가 된 과정 탐색하기** – 스마트폰, PC, 교과서, 관련 서적 등 다양한 자료를 활용하여 농구가 우리나라에서 대중 스포츠가 된 과정에 대한 정보를 수집한다. – 우리나라 농구의 역사와 관련된 동영상을 시청하고 의견을 공유하는 시간을 갖는다. **(3) 우리가 좋아하는 농구 스타!** – 모둠별로 농구 스타를 1명씩 정해 조사하고, 각 스타들의 명언이나 배울 점 등을 공유한다.	Tip 4~6명 단위로 모둠을 편성하고, 정보를 수집·공유하는 과정에서 모둠원과 협력하며 새로운 지식을 습득한다. Tip 자료 활용 시 역할을 잘 분담하여 효과적으로 자료가 수집되도록 한다. Tip 농구 스타들의 경기 기량이나 업적뿐 아니라, 인성적 측면에서 스타들에게 배울 점이 공유될 수 있도록 한다.

학생 활동지
1

| 학년 | 반 | 번 | 이름: | 모둠명: |

농구의 역사(비주얼 싱킹 써클 맵)

✿ 농구의 탄생 배경과 역사적 흐름에 대해 모둠별로 정보를 수집하고, 비주얼 싱킹으로 표현해 보자.

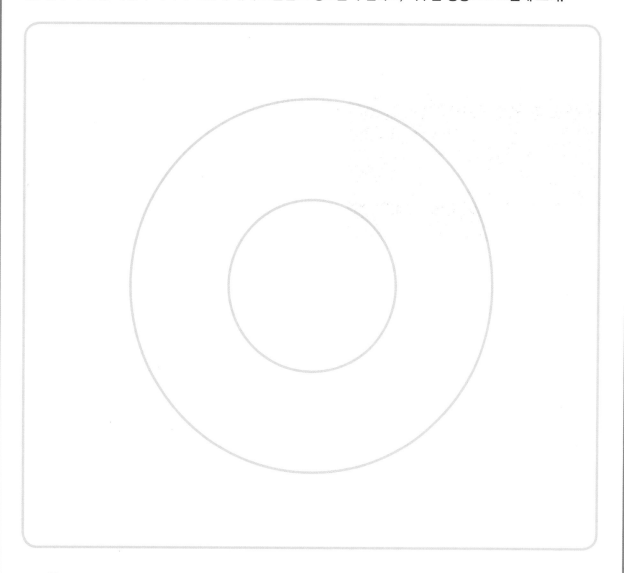

╭ 작성 tip! ╮

1. 작은 원: 제목 작성
2. 큰 원: 내용의 키워드를 아이콘이나 그림, 짧은 글로 표현
3. 바깥 네모: 키워드를 구체적인 설명이나 요약 그림 등으로 추가 설명

╭ 활동 체크 리스트 ╮

평가 기준(해당 점수에 O 표시)	1점	2점	3점	4점	5점
농구의 탄생 배경에 대한 이해와 표현이 적절한가?					
농구의 역사적 흐름에 대한 이해와 표현이 적절한가?					
모둠 내 역할 분담이 잘 이루어졌는가?					
정보를 시각적으로 알기 쉽고 흥미롭게 표현하였는가?					

평가 방법 A: 19~20점, B: 17~18, C: 15~16, D: 13~14, E: 11~12

학생 활동지
2

학년   반   번   이름: 모둠명:

우리나라의 농구 역사(동영상 시청)

✖ 우리나라 농구의 역사에 대한 영상을 시청하고, 대중 스포츠로서의 농구를 이해해 보자.

동영상 시청하기

아래 유튜브 주소에서 '대한민국 농구 History 100주년의 발자취'를 시청한다.

아마추어 클래식
'대한민국 농구 History 100주년의 발자취'

조선–대한제국 11년인 1907년부터 대한민국 2007년까지 우리나라 농구 역사 100주년의 발자취를 따라가 보는 영상이다.

https://youtu.be/13R75WnDpNl

토의하기

❶ 영상 시청 후 모둠별로 교사가 준비한 질문에 답해 보고, 의견을 공유하는 시간을 가진다.

> **예시**
>
> • 우리나라에서 농구가 대중 스포츠가 된 계기는?
>
> • 우리나라에서 농구가 더 인기 있는 대중 스포츠로 자리 잡기 위한 효과적인 방안은?

❷ 모둠별 토의 후 결과를 발표해 보자.

모둠명	의견

학생 활동지 3

학년 반 번 이름: 모둠명:

우리가 좋아하는 농구 스타!

모둠별로 한 명의 농구 스타를 정해 농구 스타의 성장과 활동, 명언, 배울 점 등을 조사하고, 다른 모둠과 공유해 보자.

농구 스타의 예
스테픈 커리, 르브론 제임스, 마이클 조던, 김승현, 허재, 안희욱(길거리 농구 스타), 강백호(만화 슬램덩크 주인공) 등

1 우리 모둠이 좋아하는 농구 스타

2 농구 스타 캐리커처

3 농구 스타의 업적

4 명언

5 배울 점

주제 1 농구의 역사와 특성 알아보기

학년   반   번   이름:

서술형 평가 자료

1 농구의 출현 배경, 현재의 경기 형태를 띠게 된 과정, 우리나라에 소개된 계기에 대해 서술하시오.

> 예 농구는 1891년 미국의 네이스미스가 겨울철 학교 수업 시간에 학생들의 활동을 증진시키기 위한 목적의 실내 스포츠로 고안하였다. 처음에는 아래가 막힌 과일 바구니를 장대에 매달아 경기장 양쪽에 두고 경기를 하는 방식으로 시작하였으나, 점차 발전하여 현재의 구멍이 뚫린 그물이 달린 골대에서 이루어지는 경기 형태로 발전하였다.
> 우리나라에는 1907년 YMCA의 초대 총무인 질렛이 처음으로 농구를 들여오면서 소개되었고, 간사인 반하트에 의해 본격적으로 보급되어 지금까지 이어지고 있다.
>
> 키워드: 네이스미스, 수업 시간 학생들의 활동 증진, 과일 바구니에서 그물이 달린 골대로 발전, 질렛, 반하트

채점 기준

수준	평가 기준
우수	농구의 탄생 배경, 발전 과정, 우리나라에 소개된 계기에 대해 정확하게 서술하였다.
보통	세 가지 항목 중 하나를 누락하였다.
미흡	세 가지 항목 중 두 개 이상을 누락하였다.

2 초기 농구 경기와 현재 농구 경기의 차이점을 서술하시오.

> 예 초기의 농구 경기는 아래가 막힌 복숭아 바구니를 골대로 사용하여 골을 넣을 때마다 공을 꺼내야 하는 번거로움이 있었지만 현재의 농구 골대는 아래가 뚫려 있는 그물이 있어 슛을 성공한 후 공을 따로 꺼내지 않아도 된다.
> 초기의 농구 경기에서는 가능한 많은 인원을 경기에 참여시키기 위한 목적으로 인원 제한 없이 많은 인원이 경기에 참여하였지만 현재의 정식 농구 경기에서는 한 팀당 5명으로 경기 인원이 제한되어 있다.

채점 기준

수준	평가 기준
우수	초기 농구와 현재 농구의 차이를 두 가지 이상 제시하였다.
보통	초기 농구와 현재 농구의 차이를 한 가지 제시하였다.
미흡	초기 농구와 현재 농구의 차이를 명확하게 제시하지 못하였다.

서술형 평가 자료

➕ 다음 글을 읽고, 스테픈 커리 선수의 운동과 삶에 대한 태도에서 배워야 할 점과 자신이 느낀 점을 서술하시오.

스테픈 커리(1988~) 미국 프로 농구(NBA) 소속 선수

스테픈 커리는 정확한 3점 슛과 현란한 드리블을 주특기로 하는 NBA 농구 선수이다. 화려한 경력을 자랑하는 지금과는 달리 처음에는 상대적으로 빈약한 신체 조건 탓에 별다른 주목을 받지 못했다. 특히, 블록 당하기 쉬운 투핸드 슛 자세로 경기를 하던 그는 슛 자세의 단점을 극복하기 위해 농구 선수 출신인 아버지와 함께 정확하고 신속하게 슛 동작을 취할 수 있도록 끊임없이 연습을 하였다. 이 덕분에 커리는 명실상부한 최고의 슈터가 되었으며, NBA의 최고 선수 중 한 명이 되었다.

예 스테픈 커리는 유리한 신체적 조건이나 운동 기능을 지니고 있지는 않았지만, 자신의 단점을 극복하기 위해 꾸준히 노력한 끝에 최고의 자리에 오를 수 있었다. 불리한 상황에서도 포기하지 않고 노력을 통해 자신의 한계를 극복하여 NBA 최고 선수 중 한 명이 된 것이다.
나도 커리처럼 부족한 실력이나 환경을 탓하지 않고 공부든 운동이든 포기하지 않고 최선을 다해 노력할 것이다.

키워드: 노력, 포기하지 않음, 한계 극복 등

⌐채점 기준⌐

수준	평가 기준
우수	글의 핵심을 정확히 파악하고, 자신의 삶과 연결하여 서술하였다.
보통	글의 핵심을 파악하고, 자신의 삶과 연결하여 서술하였다.
미흡	글의 핵심 파악이나 자신의 삶과의 연결이 다소 미흡하다.

학년   반   번   이름:

핵심 개념 평가

핵심 역량	평가 요소 (핵심 개념)	평가 기준	우수	보통	미흡
지식 정보 처리 역량	정보 수집 및 분석	농구의 역사에 관한 신뢰할 만한 정보를 다양하게 수집하였는 가?			
	정보 활용	농구와 관련된 다양한 정보를 활용하여 과제를 수행하였는가?			
의사소통 역량	의사 표현 역량 – 언어적 표현 능력	자신이 조사한 정보를 정확하게 모둠원에게 전달하였는가?			
	의사 결정 능력 – 갈등 조정 능력	토의·토론 활동 시 상대의 의견을 경청하였는가?			
공동체 역량	협동과 협업 능력	비주얼 싱킹 활동에 모둠원이 서로 협동하며 참여하였는가?			
흥미도		활동에 흥미를 느끼며 적극적으로 참여하였는가?			

평가의 방향

• 농구의 역사에 관한 정확한 정보 수집이 이루어지는지 평가한다.
• 비주얼 싱킹 활동을 통해 농구의 역사를 쉽고 명확하게 전달하는지 평가한다.
• 모둠원과의 협력 활동 속에서 상대의 의견을 경청하고, 자신의 의견을 명확하게 전달하는지 종합적으로 평가한다.

농구 기능 활용 체력 운동 프로그램 만들기

영역	경쟁_ 영역형 경쟁	신체 활동	농구	권고 차시	3~4

수업 목표	• 농구 기능을 잘 수행하기 위한 체력 운동 프로그램의 원리를 이해할 수 있다. • 농구의 수행을 통해 체력을 증진할 수 있다.

교과 역량	건강 관리 능력

성취 기준	[9체I01-05] 체력 증진의 과학적 원리, 운동 내용, 관리 방법을 이해하고 자신에게 적합한 체력 증진 프로그램을 계획하고 습관화한다. [9체I03-02] 영역형 경쟁 스포츠에서 활용되는 유형별 경기 기능과 과학적 원리를 이해하고 운동 수행에 적용하며, 운동 수행 과정에서 나타나는 문제점을 분석하고 해결한다. [12체육01-02] 체력 수준을 측정하고 분석하여 적합한 체력 관리 방법에 따라 자신에게 알맞은 운동을 실천함으로써 체력을 유지하고 증진시킨다. [12체육01-04] 일상생활에서 규칙적인 운동을 통해 스스로 자신을 관리함으로써 건강을 유지·증진시킨다. [12운건02-03] 건강한 삶을 위한 체력의 중요성에 대한 이해를 바탕으로 여러 체력 요소를 측정하여 평가하고 체력 관리를 위해 스스로 운동 계획을 수립하여 적용한다.

수업의 흐름	농구 기능 활용 체력 운동 체험하기 ➡ 체력 운동 프로그램의 과학적 원리 이해하기 ➡ 농구 기능 활용 체력 운동 프로그램 만들기

	교수·학습 활동	수업 방법	평가 방법
과정 중심 수업·평가	• 농구 기능 활용 체력 운동 프로그램 만들기 – 농구 기능 활용 체력 운동에 적극적으로 참여하는가? – 체력 운동 프로그램의 과학적 원리를 이해하는가? – 농구 기능을 활용하여 효과적이고 창의적인 체력 운동 프로그램을 만들었는가?	• 프로젝트 학습	• 체력 운동 프로그램 개발 • 모둠 보고서 • 서술형 평가

수업 활동	지도 Tip
(1) 농구 기능 활용 체력 운동 체험하기 – 농구 기능을 활용한 체력 운동을 몇 가지 소개하고 체험한다. **(2) 체력 운동 프로그램의 과학적 원리 이해하기** – 체력 운동 프로그램의 과학적 원리에 대해 소개한다. **(3) 체력 운동 프로그램 만들기** – 농구 기능을 활용한 체력 운동 프로그램을 계획한다.	Tip 게임 형식의 체력 운동을 통해 흥미를 느끼고 체력 운동 프로그램 개발의 필요성을 인식하도록 한다. Tip 프로그램 작성 시 과학적 원리를 바탕으로 개발할 수 있도록 구체적인 예를 들어 소개한다. Tip 체력 증진의 과학적 원리를 고려하여 프로그램을 계획하도록 한다.

학생 활동지

1

| 학년 | 반 | 번 | 이름: | 모둠명: |

농구를 잘 하려면 어떤 체력이 필요할까?

❈ 농구 선수의 체력 조건

●**농구와 근력 및 근지구력**

농구 경기에서는 고난도의 기능과 자리 차지를 위한 몸싸움이 이루어지는데, 이를 위해서는 평소 근력 및 근지구력 운동을 통해 무산소 대사 능력을 길러야 한다.

●**농구와 심폐 지구력**

농구 경기 4쿼터를 소화하는 데 약 5km를 달려야 하며, 그 과정에서 유산소 운동과 무산소 운동을 지속적으로 반복하므로 평소에 심폐 지구력 운동을 꾸준히 함으로써 지구력을 길러야 한다.

●**농구와 민첩성 및 순발력**

농구 경기는 비교적 좁은 공간에서 공을 가지고 빠른 속도로 진행되는 경기이다. 빠른 공수의 전환을 위해서는 달리는 중에 정지하거나 속도를 줄이지 않은 상태에서 빠르게 방향을 바꿀 수 있는 민첩성이 필요하다. 또한 속공 상황에서 순간적으로 최대의 힘을 내어 빠르게 달릴 수 있는 순발력이 필요하다.

●**농구와 신체 조성**

농구 경기는 심폐 지구력(유산소 능력)과 근력 및 순발력(무산소 능력)을 모두 요구하므로 이에 맞는 신체 조성을 갖추어야 한다. 대부분의 농구 선수들이 장신이지만 몸매가 날씬한 이유이기도 하다.

❈ 농구를 잘하기 위한 나의 체력 상태 측정하기

체력 요소		측정 기록			
		1차(월 일)	2차(월 일)	3차(월 일)	4차(월 일)
심폐 지구력	예 50m 왕복 달리기				
근력 및 근지구력	예 스쿼트(1RM), 윗몸일으키기, 팔굽혀펴기				
순발력	예 제자리 멀리 뛰기, 서전트 점프, 50m 달리기				
민첩성	예 사다리 스텝 기록				
유연성	예 앉아윗몸앞으로굽히기				

학생 활동지
2

학년   반   번   이름: 모둠명:

농구 기능 활용 체력 운동하기

순	체력 요소	훈련 내용	실시 방법	운동 후 느낀 점	확인
1	근력 및 근지구력	농구공 윗몸일으키기	2명이 마주보고 발끝을 맞대고 누운 상태에서 서로 일어나면서 공을 전달한다. 활동 예시 20회×3set		
2	근력 및 근지구력	농구공 하복부 운동 (누워 다리 들기)	누운 상태에서 잡은 공을 눈앞으로 들고 두 다리를 모아 올렸다 내린다. 활동 예시 20회×3set		
3	근력 및 근지구력	농구공 런지	공을 허리 높이로 들고 런지를 하듯 한 발을 앞으로 내밀었다가 다시 제자리로 돌아오는 동작을 반복한다. 이때 공은 내민 발의 허리 쪽에 둔다. 활동 예시 15회×3set		
4	근력 및 근지구력	농구공 피벗	공을 허리 높이로 든 상태에서 스쿼트 자세로 180도 회전하며 피벗 풋으로 이동한다. 양 방향으로 번갈아 실시한다. 활동 예시 15회×3set		
5	심폐 지구력	농구공 얼음 땡	농구공을 드리블하며 얼음 땡을 실시한다.		
6	심폐 지구력	농구공 드리블 셔틀런	농구공을 드리블하며 음악에 맞추어 셔틀런을 실시한다.		
7	순발력	사다리 스텝 뛰기	사다리 스텝을 활용하여 다양한 방식으로 빠르게 이동하는 훈련을 실시한다.		
8	순발력	3인 패스	3명이 한 줄로 선 후, 가운데 사람이 공을 좌우로 패스하고 돌려받으며 셔틀런을 실시한다.		
9	심폐 지구력	농구공 삼각 패스	최소 4명이 삼각형을 만들어 1명이 공을 오른쪽으로 패스한 후 패스 방향으로 달려서 이동한다.		
10	민첩성	점프 공 받기	2명이 공중 점프 동작에서 패스를 50회 주고받는다.		

체력 운동 시 주의 사항

• 실시 전 유연성 운동을 하여 부상을 예방한다.
• 낮은 부하에서 시작하여 점차 높은 부하로 운동 강도를 올려 실시한다.
• 공을 가지고 하는 체력 운동이라 다소 어색할 수 있으나 흥미를 가지고 참여하도록 유도한다.

주제2 농구 기능 활용 체력 운동 프로그램 만들기

학년 반 번 이름: 모둠원:

6주 농구 프로그램 실천하기

	일	월	화 (체육 수업)	수	목 (체육 수업)	금	토	비고
1주	체력 훈련 □ 근력 및 심폐 지구력 운동	체력 훈련 □ 협응성 운동	기능 훈련 □ 드리블(한 손 및 양손 드리블 등) □ 슛(골밑 슛 등)	체력 훈련 □ 근력 및 심폐 지구력 운동	기능 훈련 □ 드리블(페인팅 등) □ 슛(중거리 슛, 3점 슛 등)	체력 훈련 □ 유연성 및 근력 운동	연습 경기 □ 연습 경기(3:3)	체력 증진이 목적인 경우 농구 훈련 프로그램 전과 후에 체력 측정을 실시하여 비교한다.
2주	체력 훈련 □ 근력 및 심폐 지구력 운동	체력 훈련 □ 민첩성 운동	기능 훈련 □ 패스(체스트 패스 등) □ 슛(골밑 슛 등)	체력 훈련 □ 근력 및 심폐 지구력 운동	기능 훈련 □ 패스(훅 패스 등) □ 슛(훅 슛 등)	체력 훈련 □ 유연성 및 근력 운동	연습 경기 □ 연습 경기(3:3)	연습 경기는 스포츠 동아리 및 클럽 활동 시간을 활용하도록 한다.
3주	체력 훈련 □ 근력 및 심폐 지구력 운동	체력 훈련 □ 민첩성 운동	기능 훈련 □ 풋워크	체력 훈련 □ 근력 및 심폐 지구력 운동	기능 훈련 □ 풋워크	체력 훈련 □ 유연성 및 근력 운동	연습 경기 □ 연습 경기(5:5)	
4주	체력 훈련 □ 근력 및 심폐 지구력 운동	체력 훈련 □ 민첩성 운동	전술 훈련 □ 수비 전술(지역 방어)	체력 훈련 □ 근력 및 심폐 지구력 운동	전술 훈련 □ 수비 전술(대인 방어)	체력 훈련 □ 유연성 및 근력 운동	연습 경기 □ 연습 경기(3:3)	
5주	체력 훈련 □ 근력 및 심폐 지구력 운동	체력 훈련 □ 민첩성 운동	전술 훈련 □ 공격 전술	체력 훈련 □ 근력 및 심폐 지구력 운동	전술 훈련 □ 공격 전술	체력 훈련 □ 유연성 및 근력 운동	연습 경기 □ 연습 경기(5:5)	
6주		체력 훈련 □ 민첩성 운동	경기하기 □ (공식) 경기	체력 훈련 □ 근력 및 심폐 지구력 운동	경기하기 □ (공식) 경기	체력 훈련 □ 유연성 및 근력 운동	경기하기 □ (공식) 경기	공식 경기를 주로 하는 6주 차에는 체력 훈련의 일부를 연습 경기로 대체할 수 있다.

* 훈련 이행 여부는 □에 9/5 처럼 날짜를 표시하고, 프로그램을 마친 후 제출하도록 한다.

• 제공된 프로그램은 예시이므로, 그대로 활용하기보다는 자신의 수준에 맞추어 적절히 수정하여 사용하도록 한다.

• 학교 체육 수업은 기능 및 전술 훈련 시간으로 활용하고, 체력 훈련은 개인 운동 시간을 이용하도록 한다.

서술형 평가 자료

✚ 농구 선수에게 필요한 5가지 체력 요소를 제시하고, 각 체력 요소가 필요한 이유를 간단히 서술하시오.

예 학생 활동지 1의 내용

채점 기준

수준	평가 기준
우수	농구 선수에게 필요한 4~5가지의 체력 요소를 제시하고, 그 필요성에 대해 정확하게 설명하였다.
보통	농구 선수에게 필요한 2~3가지의 체력 요소를 제시하고, 그 필요성에 대해 설명하였다.
미흡	농구 선수에게 필요한 1가지의 체력 요소를 제시하고, 그 필요성에 대해 미흡하게 설명하였다.

서술형 평가 자료

1 다양한 체력 요소 중 농구 경기에 꼭 필요하다고 생각되는 체력 요소를 한 가지 쓰고, 그 이유를 설명하시오.

> 예 근력 및 근지구력. 농구 경기에서는 1:1 능력이 필요하다고 생각한다. 1:1에서 이기기 위해서는 상대방과의 몸싸움에서 이길 수 있는 근력 및 근지구력이 가장 중요하다고 생각한다.

채점 기준

수준	평가 기준
우수	농구 선수에게 필요한 체력 요소를 제시하고, 그 이유를 정확히 설명하였다.
보통	농구 선수에게 필요한 체력 요소를 제시하고, 그 이유를 설명하였다.
미흡	농구 선수에게 필요한 체력 요소를 제시했지만, 그 이유가 미흡하다.

2 1에서 선택한 체력 요소를 향상하기 위한 훈련 종목을 정하고, 체력 운동의 구성 요소에 따라 훈련 프로그램을 계획하시오.

체력 요소를 향상하기 위한 훈련 종목	운동 목표	운동 목표		
		운동 강도	운동 빈도	운동 시간

예시

체력 요소를 향상하기 위한 훈련 종목	운동 목표	운동 목표		
		운동 강도	운동 빈도	운동 시간
팔굽혀 펴기, 스쿼트	팔굽혀 펴기 30개 스쿼트 30개	2초 안에 다음 동작을 실시할 수 있는 정도	일주일에 3일	1회 운동 시 20분 동안

근력 및 근지구력을 향상시키기 위한 운동으로 팔굽혀 펴기와 스쿼트를 정하였다. 운동 목표는 팔굽혀 펴기 30개와 스쿼트 30개를 한 번에 수행하는 것이다. 이를 위해 운동 강도는 2초 안에 다음 동작을 실시할 수 있는 정도로 실시하며, 운동 빈도는 일주일에 3회 이상 실시한다. 운동 시간은 1회 운동 시 20분 동안 실시한다.

채점 기준

수준	평가 기준
우수	체력 운동의 구성 요소를 3개 모두 적용하여 프로그램을 적절하게 구성하였다.
보통	체력 운동의 구성 요소를 2개 적용하여 프로그램을 구성하였다.
미흡	체력 운동 프로그램을 미흡하게 구성하였다.

핵심 개념 평가

핵심 역량	평가 요소 (핵심 개념)	평가 기준	우수	보통	미흡
자기 관리 역량	자기 이해	자신의 체력 수준을 정확하게 진단하였는가?			
	체력 증진	자신의 체력을 증진시키고자 노력하였는가?			
	자율과 참여	자발적인 태도로 적극적으로 활동에 참여하였는가?			
지식 정보 처리 역량	정보 수집 및 분석	다양한 매체를 활용하여 농구에서 체력 훈련에 적용할만한 요소를 발견하였는가?			
	정보 활용	발견한 요소를 바탕으로 체력 운동 프로그램 작성의 과학적 원리를 이해하고 실제 프로그램 작성에 적용하였는가?			
공동체 역량	협동과 협업 능력	체력 운동 프로그램 작성에 모둠원이 서로 협동하며 참여하였는가?			
흥미도		활동에 흥미를 느끼며 적극적으로 참여하였는가?			

평가의 방향

- 농구의 기능과 체력 운동 프로그램의 과학적 원리를 이해하고 접목할 수 있는지 평가한다.
- 농구의 기능 향상과 건강 체력의 향상이 함께 이루어질 수 있는 프로그램인지 평가한다.
- 프로그램 설계 및 실천 과정에서 창의적 의견을 제시하며, 협력하여 문제를 해결해 나가는지 종합적으로 평가한다.

영역	경쟁_ 영역형 경쟁	신체 활동	농구	권고 차시	3~4
수업 목표	• 농구에서 다양한 드리블을 연습하고 경기에 적용할 수 있다. • 농구에서 다양한 슛을 연습하고 경기에 적용할 수 있다. • 농구에서 드리블과 슛을 연결하여 수행할 수 있다. • 농구의 생활화를 위해 다양한 기능들을 익히고 수행할 수 있다.				
교과 역량	건강 관리 능력, 신체 수련 능력, 경기 수행 능력				
성취기준	[9체03-02] 영역 경쟁 스포츠에서 활용되는 유형별 경기 기능과 과학적 원리를 이해하고 운동 수행에 적용하며, 운동 수행 과정에서 나타나는 문제점을 분석하고 해결한다. [12체육03-02] 경쟁 스포츠의 경기 수행에 필요한 기능과 방법을 탐색하여 연습하고 경기 상황에 맞게 적용한다. [12운건02-03] 건강한 삶을 위한 체력의 중요성에 대한 이해를 바탕으로 여러 체력 요소를 측정하여 평가하고 체력 관리를 위해 스스로 운동 계획을 수립하여 적용한다. [12스생02-01] 스포츠 활동에 대한 도전 계획을 수립하고 스포츠 도전 상황에서 목적한 성취를 위해 인내하고 지속적으로 수련할 수 있는 실천 의지를 함양한다.				
수업의 흐름	드리블 익히기 ➡ 슛 익히기 ➡ 드리블 후 슛 연결 동작 익히기				

	교수·학습 활동	수업 방법	평가 방법
과정 중심 수업·평가	• 드리블과 슛의 기능 익히기 – 드리블의 올바른 방법을 이해하고 수행할 수 있는 가? – 자신만의 슛 자세를 이해하고 수행할 수 있는가? – 드리블과 슛을 연결하여 수행할 수 있는가?	• 교수 · 동료 학습 • 과제식	• 운동 기능 평가 • 서술형 평가

수업 활동	지도 Tip
(1) 드리블의 종류 이해와 기초 기능 익히기 – 드리블의 기본자세와 종류를 소개하고, 학생들이 직접 연습하도록 한다. – 다양한 방식으로 드리블 연습하기 (2) 슛의 종류 이해와 기초 기능 익히기 – 슛의 기본자세와 종류에 대해 소개한 후 학생들이 직접 연습하도록 한다. (3) 드리블 후 슛 연결 동작 익히기 – 정해진 코스를 드리블로 통과한 후 골밑 슛을 실시한다. – 드리블과 골밑 슛을 하는 시간과 자세를 측정한다. – 측정된 기록의 원인을 분석하여 잘 할 수 있는 방법을 모색할 수 있도록 지도하고 평가한다.	Tip 교사 시범 및 동영상 시청으로 동기를 유발한다. Tip 학생이 스스로 기록을 확인하고, 기록이 나온 원인을 분석하여 보다 잘 할 수 있는 방법을 모색할 수 있도록 지도하고 평가한다. Tip 트래블링 바이얼레이션이나 더블 드리블을 범하거나 공을 놓치지 않도록 지도한다.

학생 활동지
1

초급 드리블 익히기

초급 드리블은 경기 중 빠르게 이동할 때 주로 사용되는 드리블로, 수비수의 방해 정도에 따라 공격 속도를 조절하거나 속공을 위하여 빠르게 공격 진영으로 전진할 때 사용한다.

✖ 다음 드리블을 연습하고 경기에 적용해 보자.

수준	종류	자세	체크 리스트	확인
초급	하이 드리블		허리 정도의 높이로 몸의 앞쪽에서 손목 스냅을 이용하여 공을 튕기면서 드리블하는가?	
			가능한 한 손만을 사용하면서 머리와 시선을 들고 똑바로 앞으로 드리블하며 나아가는가?	
			공에는 손가락만 접촉하고 손바닥의 중앙은 닿지 않도록 하며, 손가락에 힘을 주지 않고 드리블하는가?	
			사용하지 않는 팔은 몸 옆에 자연스럽게 두는가?	
	로우/ 컨트롤 드리블		발끝 쪽으로 체중을 옮기면서 무릎을 굽혀 몸을 낮춘 상태에서 드리블하는가?	
			머리를 들어 주위 상황을 살피며 드리블하는가?	
			공에는 손가락만 접촉하고 손바닥의 중앙은 닿지 않도록 하며, 손가락에 힘을 주지 않고 드리블하는가?	
			무릎 정도의 높이로 몸의 좌우에서 공을 튀기는가?	
			사용하지 않는 팔은 앞으로 들어서 수비 선수가 자신에게 접근하지 못하게 공을 보호하며 드리블하는가?	

학생 활동지
2

학년   반   번   이름: 모둠명:

중급 드리블 익히기

중급 드리블은 속도 조절과 재빠른 방향 전환으로 상대 수비수를 따돌리는 페이크 기술이다. 수비수가 지속적으로 접근하여 방어할 때 수비수가 예측하지 못하도록 천천히 또는 멈출 듯 하면서 빠르게 방향을 전환하여 돌파한다.

❊ 다음 드리블을 연습하고 경기에 적용해 보자.

수준	종류	자세	체크 리스트	확인
중급	프런트 체인지		머리를 들어 시선은 앞쪽을 보며, 무릎을 살짝 굽히고 상체를 조금 앞으로 기울인 상태에서 공을 몸 쪽 가까이에서 한 손으로 컨트롤하는가?	
			한 손 드리블 도중에 다른 손으로 자연스럽게 바꾸어 드리블하는가?	
			양손을 지속적으로 번갈아 가며 드리블하는가?	
			몸을 낮추거나 높이면서 한 손 또는 양손으로 드리블하는가?	
			발을 이동하면서 한 손 또는 양손으로 드리블하는가?	
			이동 속도를 달리해 가며 한 손 또는 양손으로 드리블하는가?	
	인사이드 아웃 드리블		한 손 체인지 동작으로 페이크 동작을 실시하여 순간적으로 수비를 제치고 드리블하는가?	
			공을 몸의 안쪽에서 바깥쪽으로 붙여 팅기고, 같은 손으로 계속하여 드리블하는가?	
			공의 이동 순간을 노려 공을 빼앗으려 달려드는 수비수를 순간적으로 따돌리는가?	

학생 활동지 3

학년 반 번 이름: 모둠명:

고급 드리블 익히기

고급 드리블은 드리블로 전진하다 수비수에게 진로가 막히는 순간, 수비수와 완전히 밀착된 상태에서 공격 진영으로 재빨리 돌파할 때 사용된다. 즉, 방향을 전환하는 개인기가 더해진 화려한 드리블 기술이라고 할 수 있다.

다음 드리블을 연습하고 경기에 적용해 보자.

수준	종류	자세	체크 리스트	확인
고급	레그 스루 드리블		시선은 앞쪽을 보면서 한 손 또는 양손으로 드리블하는가?	
			공을 이동시키는 순간 몸을 더 낮추며 한 손으로 공의 바깥쪽을 쳐서 다리 사이로 힘껏 미는가?	
			공이 발에 걸리지 않게 타이밍을 잘 맞추는가?	
			반대쪽 손을 엉덩이 뒤쪽으로 뻗고 손바닥을 펴면서 공을 받을 준비를 하는가?	
	리버스 드리블		왼발을 축으로 오른쪽으로 도는 회전이 안정적인가?	
			손목을 갈고리 모양으로 만들어 공을 손으로 껴안듯이 하고, 체중을 완전히 발에 싣고 재빨리 회전하는가?	
			몸의 회전 방향에 따라 축이 되지 않는 발을 적절한 위치에 정지시키는가?	
			양발의 중심을 잡고 안정된 상태에서 회전해 온 공을 진행 방향으로 연결하여 드리블하는가?	
	비하인드 더 백 드리블		공을 뒤로 옮기기 직전 팔꿈치와 손을 뒤로 보내며, 공을 뒤로 컨트롤하면서 중심을 공을 가진 반대 발에 실어 주는가?	
			허리에 걸치듯이 공을 몸 뒤로 통과시켜 반대 발의 바깥쪽으로 튀기는가?	
			몸 뒤쪽에서 튕긴 공을 다른 손으로 안정되게 컨트롤하는가?	

주제 2 농구 기능 활용 체력 운동 프로그램 만들기

학생 활동지 4

학년 반 번 이름:

모둠명:

초급 슛 익히기

농구 경기에서 슛은 최종 공격 목표이다. 슛을 성공하지 못하면 득점을 할 수 없고 경기에서 이길 수 없기 때문에 슛의 기본기를 다지고 꾸준히 슈팅 연습을 하도록 한다.

✖ 다음 슛을 연습하고 경기에 적용해 보자.

종류	자세	체크 리스트	확인
원 핸드 슛		슛하는 손의 손목 스냅을 이용하는가?	□5 □4 □3 □2 □1 □0
		무릎을 굽혔다 펴면서 자연스럽게 슛하는가?	□5 □4 □3 □2 □1 □0
		공이 역회전하여 포물선을 그리며 날아가는가?	□5 □4 □3 □2 □1 □0
		팔꿈치의 각도를 90°로 하여 골대 방향으로 일직선으로 볼로 슈루하는가?	□5 □4 □3 □2 □1 □0
		골대, 시선, 공이 일직선을 이루는가?	□5 □4 □3 □2 □1 □0
세트 슛		공을 양손의 손가락 마디로 잡고, 손 모양이 약간 뻗어진 삼각형 형태가 되어 검지가 공의 중앙을 향하도록 하였는가?	□5 □4 □3 □2 □1 □0
		손과 팔, 팔꿈치의 각도가 자연스럽게 90°를 이루며 볼로 슈루하는가?	□5 □4 □3 □2 □1 □0
		사용하는 양손의 손목 스냅을 이용하며, 슛한 후 양손과 팔꿈치를 일직선으로 펴서 모으는가?	□5 □4 □3 □2 □1 □0
		무릎을 굽혔다 펴면서 자연스럽게 슛하는가?	□5 □4 □3 □2 □1 □0
		공이 역회전하며 포물선을 그리며 날아가는가?	□5 □4 □3 □2 □1 □0
		골대, 시선, 공이 일직선을 이루는가?	□5 □4 □3 □2 □1 □0
레이업 슛		림을 보면서 속도를 유지하며 드리블한 공을 한 손(양손)으로 안정적으로 잡았는가?	□5 □4 □3 □2 □1 □0
(언더핸드 레이업 슛)		1보째의 발을 림과의 거리를 조절하여 디뎠는가?	□5 □4 □3 □2 □1 □0
		2보째의 발로 바닥을 강하게 차며 러닝 점프하였는가?	□5 □4 □3 □2 □1 □0

학생 활동지 5

학년 반 번 이름: 모둠명:

중급 슛 익히기

중급 슛은 경기 중 슛의 타이밍을 조절하거나 투구 점을 높게 하여 수비수를 따돌리기 위해 주로 사용된다. 재빠른 정지와 동시에 높게 점프한 상태에서 몸의 균형을 유지하여 높은 지점에서 슛한다.

다음 슛을 연습하고 경기에 적용해 보자.

종류	자세	체크 리스트	확인
점프 슛 (원 핸드 점프 슛)		이동하다가 공을 잡고 정지함과 동시에 점프하였는가?	□5 □4 □3 □2 □1 □0
		상체와 시선은 림을 정확하게 바라보고 있는가?	□5 □4 □3 □2 □1 □0
		공을 든 손은 이마 위에 위치하고, 팔꿈치를 90°로 유지하고 있는가?	□5 □4 □3 □2 □1 □0
		무릎을 유연하게 굽혔다 펴는 반동으로 높이 점프하였는가?	□5 □4 □3 □2 □1 □0
		점프의 최고점에서 팔꿈치와 손목을 이용하여 공을 역회전시키는가?	□5 □4 □3 □2 □1 □0
		림과의 거리에 맞게 공이 포물선을 그리며 날아가는가?	□5 □4 □3 □2 □1 □0
골밑 점프 슛		무릎을 유연하게 굽혔다 펴는 반동으로 점프를 최대한 높이 하는가?	□5 □4 □3 □2 □1 □0
		팔꿈치를 곧게 펴서 슛의 투구 점이 이마보다 높은 곳에서 이루어지는가?	□5 □4 □3 □2 □1 □0
		점프의 최고점에서 목표 지점을 향하여 팔꿈치와 손목 스냅을 이용하여 공을 역회전시키는가?	□5 □4 □3 □2 □1 □0
		백보드를 활용하여 골밑 점프 슛을 정확하게 성공하였는가?	□5 □4 □3 □2 □1 □0
		팔꿈치를 펴서 슛의 투구 점을 높여 손목의 스냅만으로 공을 던지는가?	□5 □4 □3 □2 □1 □0

학생 활동지 6

학년 반 번 이름: 모둠명:

고급 슛 익히기

고급 슛은 골대 주변이 수비로 완전히 막혀 있을 때 점프 타이밍과 슛의 타점을 조절하여 골대와 수비수로부터 멀어지면서 슛하는 개인 기술이다. 공의 컨트롤과 동적 안정성, 점프 균형이 필요하기 때문에 경기 중 개인기가 유능한 선수들이 주로 사용한다.

다음 슛을 연습하고 경기에 적용해 보자.

종류	자세	체크 리스트	확인
페이드 어웨이 슛		수직으로 점프하지 않고 수비 선수로부터 멀어지게 뒤로 점프하는가?	□5 □4 □3 □2 □1 □0
		착지 시 몸의 균형이 무너지지 않는가?	□5 □4 □3 □2 □1 □0
		상체와 시선은 림을 정확하게 바라보고 있는가?	□5 □4 □3 □2 □1 □0
		공을 든 손은 이마 위에 위치하고, 팔꿈치를 90°로 유지하고 있는가?	□5 □4 □3 □2 □1 □0
		무릎을 유연하게 굽혔다 펴는 반동으로 높이 점프하였는가?	□5 □4 □3 □2 □1 □0
		점프의 최고점에서 목표 지점을 향하여 팔꿈치와 손목 스냅을 이용하여 공을 역회전시키는가?	□5 □4 □3 □2 □1 □0
훅 슛		슛하기 전 골대로부터 뒤로 물러 점프 스텝을 디디는가?	□5 □4 □3 □2 □1 □0
		오른손으로 슛을 할 경우 오른발을 들어 올리고 왼발을 디디며 점프하는가?	□5 □4 □3 □2 □1 □0
		공을 몸 밖에서 원을 그리듯이 머리 위로 이동시키는가?	□5 □4 □3 □2 □1 □0
		공이 머리 위 정점에 이르는 순간 손목과 손가락의 스냅으로 슛하는가?	□5 □4 □3 □2 □1 □0
		팔꿈치, 손목, 손가락의 폴로 스루에 맞추어 몸의 방향을 슛하는 방향으로 비트는가?	□5 □4 □3 □2 □1 □0
탭 슛		백보드에 맞고 튕겨 나오는 공의 타이밍에 맞추어 점프하며, 공중에서 공을 가볍게 건드려 슛하는가?	□5 □4 □3 □2 □1 □0

학생 활동지

7

| 학년 | 반 | 번 | 이름: | 모둠명: |

과제 카드 및 체크 리스트(드리블 점프 슛)

❖ 농구의 드리블 점프 슛 기능을 충분히 연습하고, 숙련 정도를 확인해 보자.

1 활동 방법

- 농구 경기의 드리블 점프 슛 기능을 연습한다.
- 콘을 이용하여 하프라인 센터 서클 정중앙과 양쪽 사이드라인에 출발 지점을 표시한다.
- 5명이 한 조가 되어 출발 지점에 나누어 위치한다.
- 가장 앞쪽의 학생이 골대 가까이까지 드리블로 이동한 후 포스트 라인에서 점프 슛을 시도한다.
- 골의 성공 여부와 관계없이 슛한 공을 잡아 출발선에 있는 다음 학생에게 패스한 후 조의 가장 뒤쪽으로 이동한다.
- 공을 받은 학생은 위의 과정을 반복한다.
- 3분 동안 성공한 골의 개수를 기록한다.
- 조별로 각 출발 지점을 돌아가며 실시한다.
- 기록 10점, 자세 10점으로 평가한다.

2 활동 내용

활동 내용	체크 리스트		성취 수준
	기록 평가	자세 평가	
• 트래블링 바이얼레이션을 범하지 않는다. • 양손을 번갈아 가며 드리블한다. • 슛을 할 때는 손목 스냅을 사용하여 공을 일정하게 회전시킨다. • 공이 포물선을 그리며 림으로 날아가도록 한다. • 지정된 코스로 부드럽게 드리블한 후 정지하여 슛한다.	8개 이상 성공	6회 이상 양호	우수
	4~7개 성공	3~5회 양호	보통
	1~3개 성공	2회 이하 양호	미흡

3 활동 도전

위의 활동을 반복 측정한 기록을 적고, 골의 개수와 고쳐할 점을 적어보자.

시기	1차	2차	3차	4차	5차	6차	7차	8차	9차	10차	비고
골의 성공 여부(○, ×)											

고쳐야 할 점

학생 활동지 8

학년 반 번 이름: 모둠명:

과제 카드 및 체크 리스트(드리블 레이업 슛)

농구의 드리블 레이업 슛 기능을 충분히 연습하고, 숙련 정도를 확인해 보자.

1 활동 방법

■ 농구 경기의 드리블 레이업 슛 기능을 연습한다.

- 콘을 이용하여 3점 라인 양쪽 45° 지점에 출발 지점을 표시한다.
- 5명이 한 조가 되어 오른쪽 또는 왼쪽 지점에 일렬로 위치한다.
- 가장 앞쪽의 학생이 드리블 후 레이업 슛을 시도한다.
- 레이업 슛의 골 성공 여부와 관계없이 공을 잡아 반대쪽 콘을 돌아 다시 레이업 슛을 실시한 후 출발 지점으로 드리블을 하여 다음 학생에게 공을 패스한다.
- 패스한 후에는 조의 가장 뒤쪽으로 이동한다.
- 공을 받은 학생은 위의 과정을 반복한다.
- 3분 동안 성공한 골의 개수를 측정한다.
- 기록 10점, 자세 10점으로 평가한다.

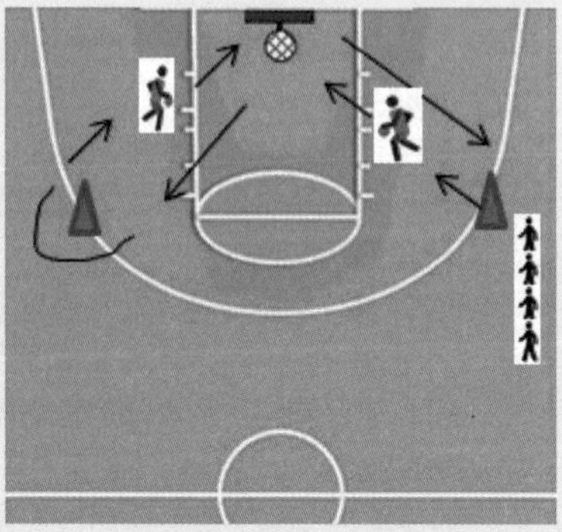

2 활동 내용

활동 내용	체크 리스트		성취 수준
	기록 평가	자세 평가	
• 트래블링 바이얼레이션을 범하지 않는다. • 오른쪽 레이업 슛 스텝을 정확히 밟고 점프한다. • 왼쪽 레이업 슛 스텝을 정확히 밟고 점프한다. • 손목 스냅을 이용하여 공을 백보드에 정확히 얹어 놓는다.	8개 이상 성공	6회 이상 양호	우수
	4~7개 성공	3~5회 양호	보통
	1~3개 성공	2회 이하 양호	미흡

3 활동 도전

위의 활동을 반복 측정한 기록을 적고, 골의 개수와 고쳐할 점을 적어보자.

시기	1차	2차	3차	4차	5차	6차	7차	8차	9차	10차	비고
골의 성공 여부(○, ×)											

고쳐야 할 점

드리블 점프 슛 기록 평가표

정해진 코스에 따라 드리블 점프 슛을 실시한다. 5차 시기를 실시하여 기록을 적고 평가한다.

시기	1차	2차	3차	4차	5차	비고
골의 성공 여부						

드리블 점프 슛 자세 평가표

정해진 코스에 따라 드리블 점프 슛을 실시한다. 5차 시기를 실시하며, 각 시기마다 올바른 자세의 수행 여부를 ○, ×로 기록하고 평가한다.

평가 항목	1차 시기	2차 시기	3차 시기	4차 시기	5차 시기	비고
트래블링 바이얼레이션을 범하지 않는다.						
양손을 번갈아 가며 드리블한다.						
슛을 할 때 손목 스냅을 이용하여 공을 일정하게 회전시킨다.						
공이 포물선을 그리며 날아간다.						
지정된 코스로 부드럽게 드리블한 후 정지하여 슛한다.						

드리블 레이업 슛 기록 평가표

정해진 코스에 따라 드리블 레이업 슛을 실시한다. 5차 시기를 실시하여 기록을 적고 평가한다.

시기	1차	2차	3차	4차	5차	비고
골의 성공 여부						

드리블 레이업 슛 자세 평가표

정해진 코스에 따라 드리블 레이업 슛을 실시한다. 5차 시기를 실시하며, 각 시기마다 올바른 자세의 수행 여부를 ○, ×로 기록하고 평가한다.

평가 항목	1차 시기	2차 시기	3차 시기	4차 시기	5차 시기	비고
트래블링 바이얼레이션을 범하지 않는다.						
오른쪽 레이업 슛 스텝을 정확히 밟고 점프한다.						
왼쪽 레이업 슛 스텝을 정확히 밟고 점프한다.						
오른손 손목 스냅을 이용하여 공을 백보드에 정확히 얹어 놓는다.						
왼쪽 손목 스냅을 이용하여 공을 백보드에 정확히 얹어 놓는다.						

학생 평가지 **3** 주제 3 드리블! 슛! 꿈을 향한 도전과 희망

학년   반   번   이름:

서술형 평가 자료

➕ 농구에서 슛의 각도와 공의 역회전이 골에 어떤 영향을 미치는지 200자 이내로 서술하시오.

> 예 일반적으로 슛을 할 때는 농구공의 낙하지점이 출발 지점보다 높기 때문에 45~52°의 각도로 공을 던져야 림을 통과할 확률이 높아진다. 또한 공에 역회전을 주면 공이 백보드에 닿는 순간 역회전이 없을 때보다 더 큰 마찰력이 작용하여 아래쪽으로 향하는 힘을 받게 되므로 공이 멀리 튕겨 나가지 않고 림 안으로 들어갈 확률이 높아진다.

채점 기준

평가 요소	수준	평가 기준
농구에서 슛을 할 때 골의 성공률을 높이는 공의 움직임에 대한 과학적인 원리를 이해하고 활동에 적용하기	우수	골 성공률을 높이기 위한 슛의 각도와 역회전의 원리를 두 가지 모두 바르게 설명하였다.
	보통	골 성공률을 높이기 위한 슛의 각도와 역회전의 원리 중 한 가지만 바르게 설명하였다.
	미흡	골 성공률을 높이기 위한 슛의 각도와 역회전의 원리를 바르게 설명하지 못하였다.

핵심 개념 평가

핵심 역량	평가 요소 (핵심 개념)	평가 기준	우수	보통	미흡
자기 관리 역량	자신감 획득	슛을 성공시키기까지 포기하지 않고 끝까지 최선을 다하였는가?			
	목표 설정	기록 단축을 위한 구체적인 계획을 세웠는가?			
	자기 평가	자신의 강점과 약점을 잘 알고 있는가?			
	체력 증진	활동 참여를 통해 체력의 향상을 경험하였는가?			
창의적 사고 역량	문제 해결 능력	슛 성공률을 높이기 위한 효과적인 자세와 방법을 알고 있는가?			
흥미도		활동에 흥미를 느끼며 적극적으로 참여하였는가?			

평가의 방향
- 슛과 드리블의 원리를 이해하고, 꾸준한 연습을 통해 기능으로 수행할 수 있는지 평가한다.
- 활동 참여 과정에서 노력의 중요성과 효과, 가치 등을 깨달을 수 있도록 안내하고 평가한다.

주제 4 패스와 캐치! 꿈을 향한 도전과 희망

영역	경쟁_ 영역형 경쟁	신체 활동	농구	권고 차시	3~4
수업 목표	• 농구에서 다양한 패스를 연습하고 경기에 적용할 수 있다. • 농구에서 패스와 패스를 연결하여 수행할 수 있다. • 경기 상황에 적합한 패스를 이해할 수 있다.				
교과 역량	건강 관리 능력, 신체 수련 능력, 경기 수행 능력, 안전 의식				
성취 기준	[9체03-02] 영역 경쟁 스포츠에서 활용되는 유형별 경기 기능과 과학적 원리를 이해하고 운동 수행에 적용하며, 운동 수행 과정에서 나타나는 문제점을 분석하고 해결한다. [12체육03-02] 경쟁 스포츠의 경기 수행에 필요한 기능과 방법을 탐색하여 연습하고 경기 상황에 맞게 적용한다. [12운건02-03] 건강한 삶을 위한 체력의 중요성에 대한 이해를 바탕으로 여러 체력 요소를 측정하여 평가하고 체력 관리를 위해 스스로 운동 계획을 수립하여 적용한다. [12스생03-02] 스포츠 상황에서 발생할 수 있는 안전사고를 예방하고, 안전사고가 발생했을 때 적절한 대처 요령 및 처치 방법을 적용한다.				
수업의 흐름	대면 패스 익히기 ➡ 러닝 패스 익히기 ➡ 크로스 러닝 패스 익히기 ➡ 경기 상황별 적절한 패스 익히기				

	교수·학습 활동	수업 방법	평가 방법
과정 중심 수업·평가	• 패스의 기능 익히기 – 패스의 올바른 방법을 이해하고 수행할 수 있는가? – 자신만의 패스 자세를 이해하고 수행할 수 있는가? – 패스와 패스를 연결하여 수행할 수 있는가?	• 교수 · 동료 학습 • 과제식	• 운동 기능 평가 • 서술형 평가

수업 활동	지도 Tip
(1) 대면 패스 익히기 – 패스의 기본자세와 종류를 소개하고, 학생들이 직접 연습하도록 한다. – 패스 '얼음 땡 놀이'를 활용한 패스 연습하기 ① 한 팀을 10명으로 구성하고, 2명을 술래로 정한다. ② 술래를 제외한 나머지 사람은 공을 각각 1개씩 소유한다. ③ 드리블을 하는 사람은 정해진 경기장에서 술래를 피해 다니며, 술래는 드리블하는 사람의 공을 빼앗는다. ④ 술래에게 공을 빼앗긴 사람은 얼음 상태가 되어 공을 머리 위로 올리고 움직일 수 없다. ⑤ 얼음 상태에 있는 사람은 드리블하는 다른 사람이 터치해 주면 다시 드리블을 할 수 있다. ⑥ 술래가 드리블하는 사람을 모두 얼음 상태로 만들면 놀이가 끝난다. **(2) 러닝 패스 익히기** **(3) 크로스 러닝 패스 익히기** – 정해진 코스를 패스로 통과한 후 골밑 패스를 실시한다. **(4) 경기 상황별 적절한 패스 익히기**	**Tip** 교사 시범 및 동영상 시청으로 학습 동기를 유발한다. **Tip** 학생이 스스로 기록을 확인하고, 기록이 나온 원인을 분석하여 보다 잘 할 수 있는 방법을 모색할 수 있도록 지도하고 평가한다. **Tip** 트래블링 바이얼레이션이나 더블 패스를 범하지 않으며, 공을 놓치지 않도록 지도한다.

학생 활동지 1

| 학년 | 반 | 번 | 이름: | 모둠명: |

초급 패스의 종류 및 특징

초급 패스는 농구 경기에서 가장 기본이 되는 패스로, 빠르게 패스하거나 수비수가 집중된 곳에서 공을 보호하며 외곽으로 패스하는 기술로 구성된다.

❈ 다음 패스를 연습하고 경기에 적용해 보자.

종류	자세	체크 리스트	확인
체스트 패스		손가락을 펴서 공을 쥐고, 손바닥의 중앙이 공에 닿지 않도록 하는가?	□5 □4 □3 □2 □1 □0
		팔과 손목의 스냅을 이용하여 공을 회전시켜 보내는가?	□5 □4 □3 □2 □1 □0
		앞 쪽으로 내민 발에 무게 중심을 이동시키는가?	□5 □4 □3 □2 □1 □0
원 핸드 패스		손가락을 펴서 공을 쥐고, 손바닥의 중앙이 공에 닿지 않도록 하는가?	□5 □4 □3 □2 □1 □0
		팔과 한 손의 손목 스냅을 이용하여 공을 회전시켜 보내는가?	□5 □4 □3 □2 □1 □0
		앞 쪽으로 내민 발에 무게 중심을 이동시키는가?	□5 □4 □3 □2 □1 □0
바운드 패스		팔과 손목의 스냅으로 공을 회전시키며, 팔을 공이 날아가는 방향으로 폴로 스루(follow through)하는가?	□5 □4 □3 □2 □1 □0
		공을 받는 사람이 허리 정도의 높이에서 받을 수 있도록 2/3 지점에 낮은 각도로 공을 튀기는가?	□5 □4 □3 □2 □1 □0
언더핸드 패스		패스하는 방향으로 몸을 기울이면서 패스가 이루어지는 반대쪽으로 발을 내딛는가?	□5 □4 □3 □2 □1 □0
		몸의 중심을 내디딘 발 쪽으로 옮기며 허리 높이에서 공을 보내는가?	□5 □4 □3 □2 □1 □0
오버헤드 패스		팔꿈치를 구부리고 엄지손가락이 아래로 향하도록 양손으로 공을 받쳐 잡았는가?	□5 □4 □3 □2 □1 □0
		몸통을 뒤로 약간 젖혀 몸의 중심을 뒤에서 앞으로 옮길 때 몸통의 반동을 이용하여 팔꿈치를 펴는가?	□5 □4 □3 □2 □1 □0

학생 활동지 2

학년 반 번 이름: 모둠명:

중급 패스의 종류 및 특징

중급 패스는 수비수의 밀집 방어를 피해 동료에게 전달하는 응용 패스이다. 리바운드와 동시에 먼 거리에 있는 동료에게 전달하는 속공의 첫 패스나 동료 선수가 옆으로 지나갈 때 가볍게 건네는 패스 기술로 구성된다.

다음 패스를 연습하고 경기에 적용해 보자.

종류	자세	체크 리스트	확인
베이스볼 패스		한 손으로 공을 잡고 팔이 귀 가까이를 스치듯이 하여 패스하는가?	□5 □4 □3 □2 □1 □0
		한 발을 앞으로 내디디면서 몸 전체를 패스하는 방향으로 이동시키는가?	□5 □4 □3 □2 □1 □0
훅 패스		공을 수비수로부터 먼 쪽의 손으로 잡고 있는가?	□5 □4 □3 □2 □1 □0
		몸통을 돌려 어깨가 패스하는 방향을 향하고 있는가?	□5 □4 □3 □2 □1 □0
		패스하는 발의 반대편 발을 내디디면서 몸의 중심을 이동하는가?	□5 □4 □3 □2 □1 □0
		팔을 편 채 머리 위로 둥근 호를 크게 그리듯이 패스하는가?	□5 □4 □3 □2 □1 □0
점프 패스		팔을 가볍게 올리면서 타이밍을 맞추어 점프하는가?	□5 □4 □3 □2 □1 □0
		공을 받을 때 팔꿈치를 가볍게 구부린 다음 손목을 돌려 손가락으로 컨트롤하여 탭 패스하는가?	□5 □4 □3 □2 □1 □0

| 학년 | 반 | 번 | 이름: | 모둠명: |

고급 패스의 종류 및 특징

고급 패스는 패스의 타이밍 완급 조절과 페이크 기법을 활용하여 수비수를 속이기 위한 화려한 패스 기술이다. 패스 기술로 수비수를 따돌릴 때 주로 사용한다.

✖ 다음 패스를 연습하고 경기에 적용해 보자.

종류	자세	체크 리스트	확인
비하인드 백 패스		공을 허리 높이에서 잡아 패스하는 팔을 옆구리 뒤 쪽으로 돌리면서 패스하는가?	□5 □4 □3 □2 □1 □0
		손가락과 손목의 스냅을 이용하여 폴로 스루하는가?	□5 □4 □3 □2 □1 □0
		보내고자 하는 방향으로 정확히 패스하는가?	□5 □4 □3 □2 □1 □0
노 룩 패스 (No look pass)		수비수를 속이기 위해 패스하고자 하는 반대 방향으로 시선 처리하며 패스하는가?	□5 □4 □3 □2 □1 □0
		보내고자 하는 방향으로 정확히 패스하는가?	□5 □4 □3 □2 □1 □0

| 학년 | 반 | 번 | 이름: | 모둠명: |

과제 카드 및 체크 리스트(러닝 패스)

✖ 농구의 패스 기능을 충분히 연습하고, 숙련 정도를 확인해 보자.

① 활동 방법

- ■ 농구 경기의 패스 기능을 연습한다.
- • 10m의 간격을 두고 양쪽 끝에 고깔을 놓는다.
- • 6명이 한 조가 되며 양쪽으로 나누어 위치한다.
- • 가장 앞쪽의 학생이 공을 맞은편 학생에게 패스한 후 맞은편 조의 뒤쪽으로 달려간다.
- • 공을 받은 학생은 위의 과정을 반복한다.
- • 모든 학생이 시작할 때의 위치로 돌아오기까지의 시간을 측정한다.
- • 기록 10점, 자세 10점으로 평가한다.

② 활동 내용

활동 내용	성취 수준
15초 이내	우수
15.1~19초	보통
19.1초 이상	미흡

③ 활동 도전

위의 활동을 반복 측정한 기록을 적고, 고쳐할 점을 적어 보자.

시기	1차	2차	3차	4차	5차	6차	7차	8차	9차	10차	비고
기록(초)											

고쳐야 할 점

러닝 패스 후 골밑 슛 기록 평가표

정해진 코스에 따라 러닝 패스 후 골밑 슛을 실시한다. 5차 시기를 실시하여 기록을 적고 평가한다.

시기	1차	2차	3차	4차	5차	비고
기록 시간(초)						
패스의 성공 여부						

크로스 러닝 패스 후 골밑 슛 기록 평가표

정해진 코스에 따라 크로스 러닝 패스 후 골밑 슛을 실시한다. 5차 시기를 실시하여 기록을 적고 평가한다.

시기	1차	2차	3차	4차	5차	비고
기록 시간(초)						
패스의 성공 여부						

크로스 사각 러닝 패스 기록 평가표

정해진 코스에 따라 크로스 사각 패스를 실시한다. 5차 시기를 실시하여 기록을 적고 평가한다.

시기	1차	2차	3차	4차	5차	비고
기록 시간(초)						
패스의 성공 여부						

서술형 평가 자료

✚ 농구 경기에서 패스된 공을 안전하게 받기 위한 방법을 충격량의 원리를 바탕으로 서술하시오.

> 📖 농구에서 패스된 공을 안전하게 받기 위해서는 양손을 앞으로 뻗은 후 팔을 몸 쪽으로 당기면서 받아야 한다. 충격량은 힘(F, 충격력)과 작용 시간(t, 충돌하는 데 걸린 시간)의 곱으로 나타낼 수 있다. 즉, 패스된 공의 충격량이 일정하다고 할 때, 작용 시간의 값을 크게 하면 충격력이 작아진다. 따라서 몸 쪽으로 당기면서 공을 잡으면 접촉 시간이 그만큼 증가되어 충격력이 줄어들어 안정적으로 공을 잡을 수 있다.

⌐ 채점 기준 ⌐

평가 요소	수준	평가 기준
농구 경기에서 공을 안전하게 받기 위한 방법을 과학적 원리로 이해하기	우수	농구에서 공을 안전하게 잡는 방법을 충격량의 원리를 제시하여 설명하였다.
	보통	농구에서 공을 안전하게 잡는 방법을 설명하였다.
	미흡	농구에서 공을 안전하게 잡는 방법을 바르게 설명하지 못하였다.

핵심 개념 평가

핵심 역량	평가 요소 (핵심 개념)	평가 기준	우수	보통	미흡
자기 관리 역량	자신감 획득	다양한 패스 과제 성공을 통해 자신감을 얻었는가?			
	목표 설정	패스 과제 성공을 위한 구체적인 계획을 세웠는가?			
	자기 평가	자신의 강점과 약점을 잘 알고 있는가?			
	체력 증진	활동 참여를 통해 체력 향상을 경험하였는가?			
창의적 사고 역량	문제 해결 능력	경기 상황에 적합한 패스의 종류와 사용 시기를 알고 있는가?			
흥미도		활동에 흥미를 느끼며 적극적으로 참여하였는가?			

평가의 방향

• 패스의 원리를 이해하고, 꾸준한 연습을 통해 기능으로 수행할 수 있는지 평가한다.
• 활동 참여 과정에서 노력의 중요성과 효과, 가치 등을 깨달을 수 있도록 안내하고 평가한다.

영역	경쟁_ 영역형 경쟁	신체 활동	농구	권고 차시	1~2

수업 목표	• 포지션별 역할과 특징을 이해할 수 있다. • 개인의 특성을 고려하여 포지션을 구성할 수 있다. • 다양한 경기 상황에 대한 전략을 구상할 수 있다.

교과 역량	경기 수행 능력

성취 기준	[9체03–03] 영역형 경쟁 스포츠의 경기 방법과 전략을 이해하고 경기에 활용할 수 있으며, 경기 상황에 맞게 전략을 진단하여 창의적으로 적용한다. [12체육03–03] 경쟁 스포츠의 여러 가지 경기 전략을 탐색하여 연습하고 경기 상황에 맞게 적용한다. [12운건02–03] 건강한 삶을 위한 체력의 중요성에 대한 이해를 바탕으로 여러 체력 요소를 측정하여 평가하고 체력 관리를 위해 스스로 운동 계획을 수립하여 적용한다. [12스생02–01] 스포츠 활동에 대한 도전 계획을 수립하고 스포츠 도전 상황에서 목적한 성취를 위해 인내하고 지속적으로 수련할 수 있는 실천 의지를 함양한다.

수업의 흐름	포지션별 역할 및 특징 이해하기 ➡ 우리 팀 포지션 구성하기 ➡ 다양한 경기 상황에 맞는 포지션별 전략 구상하기

과정 중심 수업·평가	교수·학습 활동	수업 방법	평가 방법
	• 포지션별 역할과 특징을 이해하고, 포지션 구성하기 – 포지션별 역할과 특징을 잘 이해하는가? – 개인의 특성을 고려하여 포지션을 적절하게 구성하는가? – 다양한 경기 상황에서의 포지션별 전략을 상황에 알맞게 구상하는가?	• 탐구식 • 토의·토론식	• 보고서 • 서술형 평가

수업 활동	지도 Tip
(1) 포지션별 역할 및 특징 이해하기 – 포지션별 역할과 특징에 대한 정보를 탐색하고 이해한다. – 농구와 축구 포지션의 특징을 비교한다. **(2) 우리 팀 포지션 구성하기** – 팀원들의 특성, 포지션별 역할과 특성을 토의·토론하여 최적의 팀 포지션을 구성한다. **(3) 다양한 경기 상황에 맞는 포지션별 전략 구상하기** – 다양한 경기 상황을 부여하여 상황에 따른 포지션별 전략을 토의·토론한다. – 모둠별로 발표를 실시하여 다양한 아이디어를 공유한다.	**Tip** 다양한 매체를 활용하여 자료를 수집하고 모둠별로 기록한다. 이러한 정보의 수집 및 기록 과정에서 포지션별 역할과 특징을 이해하도록 한다. **Tip** 팀원들의 특징을 파악하고 어떻게 포지션을 구성하는 것이 효과적인지 의견을 수렴하여 최선의 팀 포지션을 구성한다. **Tip** 정답을 찾기보다는 다양한 아이디어를 제시함으로써 창의적인 의견들이 공유되도록 한다.

학생 활동지
1

학년   반   번   이름: 모둠명:

포지션별 역할 및 특징 이해하기

✖ 그림에 각 선수들의 포지션 명칭을 적고, 포지션에 맞는 요구 수준을 상대적으로 평가하여 표시해 보자.

✖ 포지션별 능력 수준 표

포지션	❶					❷					❸					❹					❺				
요구 수준	1	2	3	4	5	1	2	3	4	5	1	2	3	4	5	1	2	3	4	5	1	2	3	4	5
신장																									
슛의 정확도																									
골밑 슛																									
리바운드																									
드리블																									
몸싸움																									
넓은 시야																									
상황 판단력																									

학생 활동지 2

학년   반   번   이름: 모둠명:

인터넷을 활용해 나의 포지션 알아보기

인터넷의 농구 관련 사이트를 활용하면 자신에게 알맞은 농구 포지션을 정하는 데 도움을 받을 수 있다. 다음 사이트의 질문에 답하여 자신에게 적당한 포지션을 알아보자.(단, 결과는 완전하지 않을 수 있으며, 향후 농구 실력이 향상됨에 따라 달라질 수 있다.)

✖ 사이트 주소(https://www.quotev.com/quiz/1825298/What-basketball-position-should-you-play)

1 나의 신장은?

☐ 매우 작다   ☐ 작은 편이다   ☐ 보통   ☐ 큰 편이다   ☐ 아주 크다

2 나의 민첩성은?

☐ 매우 빠르다   ☐ 빠르다   ☐ 보통   ☐ 다소 느리다   ☐ 느리다

3 내가 가장 슛을 잘 넣을 수 있는 위치는?

☐ 장소 무관   ☐ 골대 부근   ☐ 3점 슛 라인 부근

4 나의 3점 슛 수준은?

☐ 전혀 못한다   ☐ 아주 가끔 한다   ☐ 어느 정도 한다   ☐ 자주 한다

5 내가 구사할 수 있는 농구 기능은?

☐ 수비수를 파고들며 레이업 슛하기   ☐ 포스트로 파고들기   ☐ 중거리 점프 슛 또는 3점 슛하기

6 공격 시간이 끝나가는 데 골대에서 떨어져 있는 내가 해야 할 행동은?

☐ 수비수를 따돌리고 슛을 잘 할 수 있는 곳으로 움직인다.
☐ 3점 슛 기회를 만들기 위해 뒤로 물러선다.
☐ 무조건 승부를 결정지을 중거리 슛을 던진다.
☐ 공을 포스트 지역으로 던지고 수비수 위에서 낚아챈다.

7 내가 자주 활용하는 동작은?

☐ 크로스오버 드리블, 인앤아웃 드리블, 헤지테이션 드리블
☐ 드롭스텝, 펌프 페이크, 훅슛
☐ 펌프 페이크, 드라이브인, 점퍼와 호흡 맞추기

8 슛을 위해 골대 쪽으로 이동하며 내가 해야 하는 동작은?

☐ 몸을 위아래로 움직이거나 역동작하기
☐ 직접 슛하기
☐ 한 발 물러서 수비수 위로 공 넘기기 또는 수비수 앞에서 슛하기

✖ 사이트에서 제시한 나의 포지션은?

학생 활동지

3

학년   반   번   이름: 모둠명:

역할 정하기

모둠원의 체력 요소와 체형, 성향 등을 고려하여 우리 모둠만의 고유한 포지션을 구성해 보자. 포지션을 구성할 때는 다양한 의견을 수렴하여 창의적이고 효율적인 포지션이 구성되도록 한다.

순서	이름	포지션	정한 이유
1			
2			
3			
4			
5			
6			
7			
8			
9			
10			

서술형 평가 자료

① 농구 팀 구성에서 선수들의 포지션별 특징과 역할을 간략히 서술하시오.

포지션	특징과 역할
센터(C)	예 팀에서 키가 가장 큰 선수가 주로 맡으며, 골밑 슛이나 리바운드를 잘해야 한다.
포인트 가드(PG)	예 공격과 수비를 조율하며 팀의 리더 역할을 한다. 드리블과 패스 능력뿐만 아니라 넓은 시야와 상황 판단력이 요구된다.
슈팅 가드(SG)	예 장거리 슛이나 골밑으로 달려들어 슛하는 능력이 요구되며, 슛의 정확도가 높아야 한다.
파워 포워드(PF)	예 골 근처에서 득점과 리바운드에 강해야 하며, 센터가 플레이하기 쉽도록 도와주어야 한다.
스몰 포워드(SF)	예 외곽에서 슛을 하거나 골밑으로 달려들어 슛을 하는 등의 능력이 요구되며, 몸싸움에 능해야 한다.

② 1에서 답한 포지션별 특징과 역할을 기준으로 나에게 가장 적합한 포지션을 적고, 포지션의 역할을 제대로 수행하기 위해 연습해야 하는 기능과 증진시켜야 하는 체력을 서술하시오.

예 포인트 가드. 포인트 가드는 경기 중에 공을 가장 오래 가지고 있고, 작전 지시를 하는 경우가 많으므로 경기 상황을 읽는 능력과 드리블 기능을 향상시켜야 한다. 그리고 경기 내내 코트를 누비며 역습이나 속공을 주도하므로 지치지 않는 체력과 유산소 운동이 필요하다.

③ 농구와 축구의 포지션을 비교하여 그 차이점을 서술하시오.

예 농구와 축구 모두 포지션에 따라 필요한 능력이 다르며 특정 역할을 전담한다. 축구는 포메이션에 따라 골키퍼(GK), 수비수(DF), 미드필더(MF), 공격수(FW)로 나뉘며, 각 위치에서 활동한다. 반면, 농구는 가드(포인트 가드, 슈팅 가드), 포워드(스몰 포워드, 파워 포워드), 센터로 포지션이 나누어지며, 5명의 선수 모두 공격과 수비에 참여한다는 점이 농구와 축구의 차이점이라고 할 수 있다.

학년 반 번 이름:

서술형 평가 자료

농구 경기에서 상대 팀의 전술이 다음과 같을 때, 대처 방법을 서술하시오.

① 평균 신장이 높을 때
예 핸들링이 좋고 빠른 선수를 중심으로 팀을 구성한다.

② 속공 능력이 뛰어날 때
예 수비 위주의 대인 방어를 사용한다.

③ 슛의 정확도가 높을 때
예 골밑을 제압할 수 있는 리바운드 능력이 좋은 선수로 팀을 구성한다.

④ 몸싸움이 심할 때
예 경험이 풍부한 선수나 공격과 수비를 조율할 수 있는 선수로 팀을 구성한다.

채점 기준

평가 요소	수준	평가 기준
농구 경기에서 상대 팀의 전술에 따른 우리 팀의 전술 활용 능력을 평가	우수	평균 신장과 속공 능력, 슛의 정확도, 몸싸움에 관해 충분히 이해하고 있다.
	보통	평균 신장과 속공 능력, 슛의 정확도, 몸싸움에 관해 부분적으로 이해하고 있다.
	미흡	평균 신장과 속공 능력, 슛의 정확도, 몸싸움에 관해 이해하지 못하고 있다.

핵심 개념 평가

핵심 역량	평가 요소 (핵심 개념)	평가 기준	우수	보통	미흡
자기 관리 역량	자기 점검	자신이 맡은 포지션의 특성을 정확히 파악하고 있는가?			
	동기	자신의 포지션에 대해 적극적인 역할 수행 의지를 지니고 있는가?			
지식 정보 처리 역량	정보 분석 및 처리	각 포지션별 역할과 특징을 잘 이해하고, 상황에 맞게 포지션을 구성하였는가?			
창의적 사고 역량	비판적 사고	부적절한 포지션 구성을 확인하고 수정하였는가?			
	확산적 사고	고정 관념에서 벗어나 창의적으로 포지션을 구성하였는가?			
공동체 역량	사회적 참여	모둠명을 정할 때 적극적으로 자신의 생각을 발표하고 상대의 의견을 경청하며, 의견을 조율하는 데 적극적으로 참여하였는가?			
	공동체 이해	모둠원의 장단점을 파악하고 역할을 올바르게 배정하기 위해 노력하였는가?			
흥미도		활동에 흥미를 느끼며 적극적으로 참여하였는가?			

평가의 방향

• 농구의 포지션별 역할과 특징을 이해하고, 경기 상황에 포지션별로 적절한 역할을 수행할 수 있도록 안내한다.
• 포지션을 구성할 때 일방적으로 몇 사람만이 주도하지 않도록 하고, 다양한 의견들이 나올 수 있는 환경을 조성한다.
• 학생들이 구성한 포지션을 피드백하고 격려한다.

영역	경쟁_ 영역형 경쟁	신체 활동	농구	권고 차시	3~4
수업 목표	• 농구 경기의 다양한 전략 및 전술을 이해하고, 경기 상황에 맞게 창의적으로 구성할 수 있다. • 농구 경기의 여러 가지 경기 전략과 전술을 다양한 방법으로 활용하여, 팀 동료와 원활하게 의사소통하며 실전 경기에 적용할 수 있다.				
교과 역량	경기 수행 능력				
성취 기준	[9체I03–03] 영역형 경쟁 스포츠의 경기 방법과 전략을 이해하고 경기에 활용할 수 있으며, 경기 상황에 맞게 전략을 진단하여 창의적으로 적용한다. [12체육03–03] 경쟁 스포츠의 여러 가지 경기 전략을 탐색하여 연습하고 경기 상황에 맞게 적용한다. [12운건03–02] 운동 과정에서 발생할 수 있는 운동 손상을 예방하고, 운동 손상이 발생했을 때 적절한 대처 요령 및 처치 방법을 적용한다. [12스생02–01] 스포츠 활동에 대한 도전 계획을 수립하고 스포츠 도전 상황에서 목적한 성취를 위해 인내하고 지속적으로 수련할 수 있는 실천 의지를 함양한다.				
수업의 흐름	농구 경기의 공격 및 수비 전술 이해하기 ➡ 경기 상황에 맞는 전술 지식 실제 상황에 적용하기				

	교수·학습 활동	수업 방법	평가 방법

과정 중심 수업·평가	• 농구 경기의 전략 및 전술 이해하기
	  – 농구 경기의 전략 및 전술을 잘 이해하는가?
	  – 농구 경기의 전략 및 전술을 경기 상황에 맞게 창의적으로 적용할 수 있는가?
	• 경기 상황에 맞는 전술 지식을 활용하여 실제 상황에 적용하기
	  – 다양한 경기 상황을 파악하여 적절한 전술 지식을 활용할 수 있는가?
	  – 다양한 경기 상황에 적절한 공격과 수비 전략 및 전술을 수행할 수 있는가?
		• PBL 학습
		• 협동 학습
			• 모둠 보고서
			• 서술형 평가

수업 활동	지도 Tip

(1) 공격 및 수비 전술 익히기
  – 다양한 공격 전술 형태를 소개하고, 농구 경기에 필요한 공격 전술을 선택하여 팀 전략을 구성한다.
  – 다양한 수비 전술 형태를 소개하고, 농구 경기에 필요한 수비 전술을 선택하여 팀 전략을 구성한다.
 	
(2) 경기 상황을 파악하여 적절한 전술 지식 활용하기
  – 농구 경기의 전략 및 전술 지식을 활용하여 경기 상황을 재구성하여 서술한다.
 	
(3) 경기 전술 실제 상황에 적용하기
  – 농구 경기 상황에 필요한 다양한 경기 전략과 전술을 활용하여 팀 전술 연습 계획표를 작성한다.
  – 다양한 전술을 적용한 연습을 수행하고 팀원과 의사소통하여 팀 전술을 보완한다.
	Tip 다양한 학습 자료 및 정보 매체를 활용하여 정보를 탐색하고 활동지에 기록한다. 활동지는 함께 공유하여 농구의 다양한 전략 및 전술을 이해하도록 지도한다.
	
	Tip 농구의 다양한 전술적 상황이 포함된 문항을 활용하여, 전술의 내용과 방법을 분석하고 구상할 수 있도록 지도한다.
	
	Tip 기능 수준과 전술적 개념을 고려한 변형 게임을 활용하여 상황에 적절한 전술을 구상할 수 있도록 하며, 모둠 내 협력과 의사소통이 긍정적이고 원활하게 진행되도록 지도한다.

학생 활동지
1

학년   반   번   이름: 모둠명:

과제 카드(공격 전술-속공)

속공은 상대 팀이 수비 대형을 갖추기 전에 재빨리 공격하여 쉽게 득점할 수 있는 기회를 만드는 공격 전술이다. 다양한 속공 형태를 이해하고, 우리 팀에 필요한 팀 전술을 구상해 보자.

속공 형태	그림 설명	적용 상황	확인
1인 속공		**가로채기했을 때** 공을 가로채기한 후 공격 진영에 수비수가 없을 때 단독으로 속공 드리블하여 레이업 숏 또는 골밑 숏으로 득점한다.	속공 드리블 레이업
2인 속공	[범례] 패스 ⟶, 이동 ┄┄▶, 드리블 〜〜 	**골밑에서 리바운드했을 때_1** •Ⓐ가 공을 리바운드하면 Ⓑ는 사이드라인을 따라 빠르게 달린다. •Ⓐ는 센터 라인 부근까지 달려간 Ⓑ에게 패스한다. •Ⓑ는 패스를 받아 드리블한 후 레이업 숏한다.	2인 속공 패스
2인 속공	[범례] 패스 ⟶, 이동 ┄┄▶, 드리블 〜〜 	**골밑에서 리바운드했을 때_2** •Ⓐ가 공을 리바운드하면 즉시 Ⓑ에게 패스한 다음 사이드라인을 따라 달린다. •Ⓑ는 중앙으로 드리블하며 전진해 그대로 숏하거나 Ⓐ에게 패스한다. •Ⓐ는 Ⓑ로부터 패스를 받아 숏한다.	⟶ 패스 ┄┄ 이동
3인 속공	[범례] 패스 ⟶, 이동 ┄┄▶, 드리블 〜〜 	**사이드에서 리바운드했을 때** •Ⓐ가 공을 리바운드하면 Ⓑ에게 패스한 후 오른쪽 사이드라인을 따라 빠르게 달린다. •Ⓑ는 왼쪽 사이드라인을 따라 달리는 Ⓒ에게 패스한 후 중앙으로 달린다. •Ⓒ는 다시 Ⓑ에게 패스를 하고, Ⓑ는 패스를 받아 드리블로 전진한 후 Ⓐ에게 패스한다. •Ⓐ는 드리블한 후 숏을 한다.	3인 크로스 속공 패스

학생 활동지 2

학년	반	번	이름:	모둠명:

1 우리 팀원 중에서 속공을 잘하는 친구를 추천하고, 그 이유를 적어보자.

- 추천한 팀원 이름: _____
- 추천 이유:

2 우리 팀이 연습할 속공 형태를 몇 가지 선택하고, 속공 상황을 구상해 보자.

- 연습할 속공 형태: _____ , _____ , _____
- 속공 상황 재구성하기

속공 드리블 레이업	2인 속공 패스	3인 크로스 속공 패스

우리 팀의 구성에 맞게 속공 상황 재구성하기	
재구성 상황	팀원(포지션)
단독 속공 드리블이 가장 빠른 팀원(포지션)은 누구인가?	
리바운드한 후 빠르고 정확히 패스를 할 팀원(포지션)은 누구인가?	
사이드라인에서 빠르게 전진하여 속공 패스를 받을 팀원(포지션)은 누구인가?	
코트 중앙까지 빠르게 드리블하여 어시스트할 팀원(포지션)은 누구인가?	

활동 체크 리스트

항목	확인
다양한 속공을 적용할 수 있는 경기 상황을 이해하고 있는가?	
속공 상황에 필요한 팀의 전술적 수준을 제대로 파악하고 있는가?	
팀 구성 특성에 맞는 속공 상황을 적절하게 개선하여 제시하는가?	

학생 활동지 3

과제 카드(공격 전술-개인 및 지공 전술)

지공은 상대 팀이 완전한 수비 대형을 갖추고 있어 쉽게 공격할 수 없을 때, 수비 대형이 허점을 공략하여 득점 기회를 만드는 공격 전술이다. 공격 상황에 필요한 개인 전술 및 다양한 지공 형태를 이해하고, 공격 전술을 연습해 보자.

개인 전술

종류	설명
미드-아웃	**패스-캐치에 필요한 공간을 만드는 동작** 패스를 받을 지점을 중심으로 반대 방향으로 이동하는 척하다가 방향을 바꾸어 공을 캐치한다. 이때 패스가 오는 방향으로 나가면서 공을 캐치한다.
페이크	**상대방을 제치고 슛, 패스, 돌파 등의 공격을 하기 위한 속임 동작** • 슛 페이크: 슛하는 척하여 수비수를 띄우리고 재빨리 돌파한다. • 방향 페이크: 돌파하는 반대 방향으로 페이크 동작 취한 후 빠르게 반대 방향을 바꾸어 돌파한다.
피벗	**축 발을 중심으로 다른 발로 방향을 바꾸어 공격 방향을 파악하거나 수비수가 공을 빼앗지 못하도록 보호하는 동작** • 슛 페이크: 드리블 돌파를 하는 척하며 피벗 풋을 앞으로 내밀어 수비수를 몰리나게 한 후 곧바로 슛을 하거나 돌파한다. • 턴 어라운드: 피벗 풋으로 재빠르게 상대를 옆에뜨린 후 슛을 하거나 돌파한다.

지공 전술

종류	설명	그림
컷인플레이	**주고 뛰기(Give and go play)** 동료에게 패스하고 다시 패스를 받기 위해 골대 방향으로 많이 뛰어 들어가면서 득점 기회를 만든다.	
스크린플레이	**벽 만들어 수비 방해하기** 공격수가 몸으로 벽을 만들어 수비의 이동 경로를 막아 팀 동료가 공격하기 쉽게 한다. [응용] 피앤롤 플레이	
백도어플레이	**공 없이 페이크로 공격하기** 공을 갖고 있지 않은 공격수가 미드-아웃 페이크 동작을 취하여 공을 받은 척하다가 반대 방향으로 컷인 동작하여 수비수를 따돌려 득점 기회를 만든다.	
포스트플레이	**센터(Center, 포스트맨)를 활용하여 공격하기** 센터 포지션의 공격수가 골대를 등지고 서서 수비를 스크린하여 공격을 쉽게 전개하거나 가드나 포워드가 센터에게 패스한 후 피앤롤 플레이를 하는 척하여 수 비수에게 혼동을 주고, 이를 틈타 센터(포스트맨)가 단독 공격 기회를 갖는다.	

학생 활동지
4

| 학년 | 반 | 번 | 이름: | 모둠명: |

① 자신에게 부족한 개인 공격 전술을 향상시키기 위한 개인 연습을 실시한 후 훈련 일지를 작성해 보자.

〈개인 연습 훈련 일지〉

나에게 부족한 개인 공격 전술	
개인 연습 목표	

개인 공격 전술 연습 내용		연습 시간 및 횟수
기초 체력 훈련	러닝, 스피트 킥러닝, 사이드 스텝 훈련	
피벗&페이크	프런트 피벗(좌, 우), 180° 피벗, 슛 페이크 · 방향 페이크 후 드라이브 인	
드리블	초급, 중급, 고급 드리블 개인기 훈련	
슛	세트 슛, 속공 레이업 슛, 자유투, 외곽 슛, 점프 슛	
훈련 후 향상된 점		

② 농구의 공격 전술은 어떤 경기 상황에서 사용되는지 작성해 보자.

전술의 종류	컷인플레이	스크린플레이	포스트플레이
전술 구사 방법 및 적용 상황			

활동 체크 리스트

항목	확인
개인 및 지공 전술을 활용할 수 있는 경기 상황을 이해하고 있는가?	
자신에게 필요한 전술 훈련 방법을 찾고 자신의 수준에 맞게 연습 활동을 계획하였는가?	
공격 지공 전술을 이해하고 전술 구사 방법과 적용 상황을 올바르게 설명하였는가?	

학생 활동지
5

| 학년 | 반 | 번 | 이름: | 모둠명: |

우리 팀의 약속된 플레이를 만들어 보자!

✖ 농구 경기 상황에 필요한 다양한 전술을 농구 코트 그림에 표시하고 설명해 보자.

1 우리 모둠의 특성에 맞게 '지공 전술 세트 플레이'를 구상해 보자.

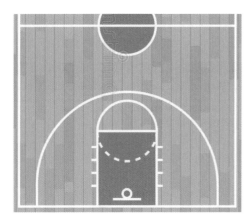

|범례| ○ 공격수, ✕ 수비수, → 패스, ┄┄▸ 드리블 또는 이동 경로
포지션 참고(①-PG,②-SG, ③-SF, ④-PF, ⑤-C)

지공 전술 세트 플레이 방법(설명)

1.

2.

3.

✖ 우리 모둠의 특성에 맞게 '스크린플레이' 전술을 구상해 보자.

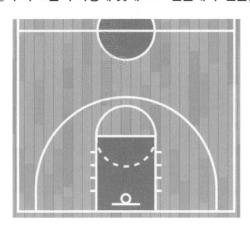

우리 팀 포지션 배치

포지션 참고(①-PG,②-SG, ③-SF, ④-PF, ⑤-C)

포지션	팀원 이름

스크린플레이 전술 전개 방법(설명)

1.
2.
3.

✖ 우리 모둠의 특성에 맞게 '포스트 플레이' 전술을 구상해 보자.

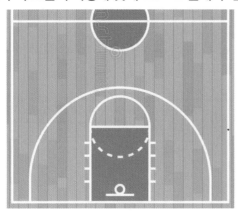

우리 팀 포지션 배치

포지션 참고(①-PG,②-SG, ③-SF, ④-PF, ⑤-C)

포지션	팀원 이름

포스트플레이 전술 전개 방법(설명)

1.
2.
3.

학생 활동지
6

과제 카드(수비 전술)

수비 전술은 상대 팀의 공격을 예측하고 미리 차단하여 실점을 막고 공격권을 얻기 위한 전술이다. 상대 팀의 공격을 방해하거나 공격자의 실수를 유발하는 것이 수비 전술의 목적이라고 할 수 있다.

❶ 다양한 수비 전술을 이해해 보자.

수비 전술의 종류	활용 설명
대인 방어 (Man to Man Diffence)	• 상대 팀 선수의 특징을 파악하여 1 대 1로 수비한다. • 경기 상황에 맞게 수비수를 달리하여 교차 수비한다.
지역 방어	상대 팀의 공격 전술 특성에 따라 5명의 선수가 골대를 중심으로 각자 일정한 지역을 책임지고 수비한다.

〈3-2 지역 방어〉 • 45° 위치의 외곽 슛과 중앙 돌파 수비에 강하다. • 속공으로 빠르게 전환할 수 있다. • 드리블 기술이 약한 팀에 유리하다. • 수비 리바운드가 약하다. • 상대 팀의 사이드 공격에 약하다.	〈2-3 지역 방어〉 • 상대 팀의 골밑 공격에 강하다. • 수비 리바운드에 강하다. • 속공으로 연결하기가 쉽다. • 컷인 공격에 강하다. • 정면이나 45° 위치의 외곽 슛 수비에 약하다	〈1-3-1 지역 방어〉 • 센터 공격과 중앙 돌파 수비에 강하다. • 제한 구역 근처의 수비에 강하고, 협력 수비 형태로 바꾸기 쉽다.

올코트 프레스	공격 팀을 강하게 압박하기 위하여 5명의 선수 모두가 각자 1 대 1 대인 방어로 경기장 전체를 압박한다.

❷ 제시된 지역 방어 수비 형태에 우리 팀 선수를 배치해 보고, 선수 구성 특성상 우리 팀에 가장 적합한 지역 방어 수비를 선택해 보자.

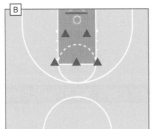

선택한 수비 전술

_____

학생 활동지 7

학년 반 번 이름: 모둠명:

팀 전술 연습 계획표 작성하기

농구 경기에 필요한 다양한 전술을 연습하기 위한 계획표를 작성하고, 이를 토대로 팀원들과 훈련을 한 뒤 전략과 전술을 보완해 보자.

연습 일시	년 월 일 요일(시 분~ 시 분)	
연습 장소		
참여 인원	명	
연습 목표	연습 내용	훈련 시간
기초 체력 향상하기		
경기 기능 익히기		
팀 공격 전술 능력 향상하기		
팀 수비 전술 능력 향상하기		

연습 후 평가

보완할 전략 및 전술

활동 체크 리스트

항목	확인
팀이 경기를 수행하는 데 필요한 기능과 전술을 이해하고 연습 계획에 올바르게 적용하였는가?	
연습에 참여하면서 기본 기능과 전술을 실제 상황에 적절하게 적용하였는가?	
연습 활동을 할 때 팀원과 상호 협력하며 팀워크를 발휘하였는가?	

주제 6 공격 및 수비 전술 익히기

학년   반   번   이름:

서술형 평가 자료

✚ 아래 그림은 포스트 맨을 활용한 3인 공격 전술인 '스플릿 더 포스트'에 대한 설명이다. 이와 같은 공격 상황에서 활용할 수 있는 전술의 명칭을 모두 쓰고, 득점 기회가 발생하는 상황을 3가지 이상 서술하시오.

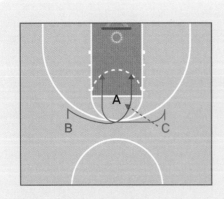

〈전술 상황 설명〉
3점 라인 바로 위 지점에 서 있는 C가 A에게 패스한 후 A의 앞을 돌아 골대를 향해 뛰어가고, B도 C가 뛴 직후 A의 앞을 돌아 반대편 골대 방향으로 뛰어간다.

📋 스플릿 더 포스트 플레이는 스크린플레이를 응용하여 픽앤롤 플레이, 컷인 플레이, 포스트 플레이를 모두 전개할 수 있는 복합적인 공격 전술이다. 득점 기회를 만들기 위해서는 첫째, 컷인 플레이하는 C에게 패스하여 득점 기회를 만드는 방법. 둘째, C가 뛴 직후 곧바로 컷인 플레이한 B에게 패스하여 득점 기회를 만드는 방법. 셋째, A와 B의 픽앤롤 플레이를 시도한 후 A가 직접 돌아서서 득점 기회를 만드는 방법. 넷째, A가 직접 돌아서서 슛 페이크 동작을 실시한 후 돌파하여 단독 포스트 플레이로 득점 기회를 만드는 방법 등이 있다.

⌐ 채점 기준 ⌐

평가 요소	수준	평가 기준
농구 경기에 활용되는 여러 가지 전술 지식을 이해하고, 이를 활용하여 경기 상황에 적용하기	우수	제시된 공격 전술 상황에서 활용할 수 있는 전술의 명칭을 2가지 이상 제시하고, 득점 기회가 발생하는 상황을 3가지 이상 설명하였다.
	보통	제시된 공격 전술 상황에서 활용할 수 있는 전술의 명칭을 1가지 제시하고, 득점 기회가 발생하는 상황을 2가지 이상 설명하였다.
	미흡	제시된 공격 전술 상황에서 활용할 수 있는 전술의 명칭과 득점 기회가 발생하는 상황을 설명하지 못하였다.

서술형 평가 자료

✚ 대인 방어와 지역 방어의 개념을 설명하고, 각각의 장단점을 2가지 이상 서술하시오.

> 예 대인 방어는 5명의 선수가 상대 팀 선수를 1 대 1로 밀착 수비하는 방법이다. 상대 팀의 실수를 유발하거나 공을 빼앗는 데 유리하
> 지만, 체력 소모가 많고 팀의 반칙 횟수가 많아질 수 있다.
> 지역 방어는 5명의 선수가 각자 지역을 분담하여 수비하는 방법이다. 수비 리바운드와 속공에 유리하지만, 상대 팀이 외곽 슛 능력
> 이 좋거나 속공 전술이 뛰어나면 불리하다.

| 채점 기준 |

평가 요소	수준	평가 기준
농구 경기에 활용되는 수비 전술 지식을 비교 · 분석하여 특징을 이해하고 설명하기	우수	대인 방어와 지역 방어의 개념을 정확히 설명하고, 장단점을 각각 2가지 이상 제시하였다.
	보통	대인 방어와 지역 방어의 개념을 설명하고, 장단점을 각각 1가지씩 제시하였다.
	미흡	대인 방어와 지역 방어의 개념 및 장단점을 설명하지 못하였다.

핵심 개념 평가

핵심 역량	평가 요소 (핵심 개념)	평가 기준	우수	보통	미흡
자기 관리 역량	목표 설정과 계획	경기 전술 능력을 향상시키기 위한 목표를 설정하고, 연습 계획을 구체적이고 명확하게 구성하였는가?			
	동기	자신이 맡은 경기 전술에서의 역할에 흥미를 가지고 적극적인 수행 의지를 지니고 있는가?			
지식 정보 처리 역량	정보 분석 및 처리	농구 경기의 전술과 관련된 정보를 수집하고 관련 내용을 분석하여 경기 상황에 적합한 전술로 재구성하였는가?			
	실행 및 평가	농구의 전술과 관련된 지식 정보를 재구성하여 실제 연습 상황에서 실행하고 보완할 부분에 대하여 평가하였는가?			
	문제 해결 능력	농구의 전술과 관련된 정보를 활용하여 실제 연습 상황에서 적절한 전술을 적용하여 창의적으로 문제를 해결하였는가?			
창의적 사고 역량	비판적 사고	주어진 농구 전술 상황을 분명하고 명료하게 파악하고, 전술 문제를 해결하기 위해 여러 가지 전술 정보를 다각도로 분석하였는가?			
	경기 수행 능력	실전 연습 상황에서 일어나는 전술 상황을 재빠르게 판단하고, 적절한 전략을 구상하여 즉흥적으로 수행하였는가?			
공동체 역량	자율과 참여	농구 전술과 관련된 정보를 팀원들과 자유롭게 공유하고 연습 활동에 적극적으로 참여하였는가?			
	전략	전술 상황 문제 해결을 위하여 팀원들과 함께 계획을 세우고 전략에 따라 전술 문제를 해결하였는가?			
	협동과 협업 능력	모둠 구성원들과 역할을 분담하여 서로의 의견을 경청하고 수렴하면서 실전 연습에 참여하였는가?			
흥미도		활동에 흥미를 느끼며 적극적으로 참여하였는가?			

평가의 방향

- 농구 경기에 활용되는 공격 전술과 수비 전술 상황을 이해하고, 경기 상황에 적합하게 적용하여 설명할 수 있는지 평가한다.
- 여러 가지 전술 지식을 이해하고, 팀 구성의 특징에 맞는 전술 경로를 분석하여 필요한 경기 전략을 세우는지 평가한다.
- 팀 전술 목표를 이루기 위해 구체적인 연습 과정을 계획하고, 팀원과 협력하여 실전 상황에서 전술 지식을 창의적으로 적용하는지 평가한다.
- 팀 전술을 구성하는 과정에서 팀의 협업 능력을 평가할 때 자신의 의견을 적극적으로 내세우면서도 다른 구성원들의 의견을 긍정적으로 수용할 수 있는 의사소통 과정의 중요성을 강조한다.

영역	경쟁_ 영역형 경쟁	신체 활동	농구	권고 차시	4~6
수업 목표	• 모둠별로 모든 학생이 농구 리그에 참여할 수 있다. • 다양한 경기 상황에 맞게 전략을 구상하고 경기를 분석할 수 있다.				
교과 역량	경기 수행 능력				
성취 기준	[9체03-03] 영역형 경쟁 스포츠의 경기 방법과 전략을 이해하고 경기에 활용할 수 있으며, 경기 상황에 맞게 전략을 진단하여 창의적으로 적용한다. [9체03-04] 영역형 경쟁 스포츠에 참여하면서 경기 규칙을 준수하고, 상대방을 존중하며, 정정당당하게 경기한다. [12체육03-03] 경쟁 스포츠의 여러 가지 경기 전략을 탐색하여 연습하고 경기 상황에 맞게 적용한다. [12스생01-04] 스포츠 참여 과정에서 스포츠맨십과 페어플레이 정신을 발휘하고 윤리적 태도를 함양한다. [12스생02-02] 스포츠 활동에 참여하면서 스포츠 경쟁의 의미를 이해하고 스포츠를 통해 서로를 존중하고 배려하는 태도로 상호 작용함으로써 긍정적 대인 관계를 형성한다.				
수업의 흐름	농구 리그전 참가하기 ➡ 경기 결과 분석하기				

과정 중심 수업·평가	교수·학습 활동	수업 방법	평가 방법

	• 모둠별 농구 리그전 경험하기
	  − 소외 없이 모두가 농구 리그전 경기에 참여하였는가?
	  − 경기 규칙을 잘 준수하며, 정정당당하게 경기에 참여하였는가?
	  − 다양한 경기 상황에 맞게 전략을 구상하고 전술을 사용하였는가?
	  − 경기 결과에 대한 분석이 잘 이루어졌는가?
		• 경기 지도식
		• 탐구식
			• 경기 수행 능력 평가
			• 서술형 평가

수업 활동	지도 Tip

(1) 농구 리그전 참가하기
  − 모둠별로 모든 학생이 농구 리그에 참여한다.
  − 경기 수행 능력 평가지에 경기 수행에 대한 결과를 기록한다.
 	
(2) 경기 결과 분석하기
  − 경기 영상을 보며 경기 분석 결과 보고서를 작성하고 의견을 나눈다.
	Tip 한 사람도 빠짐없이 모두가 경기에 참여해야 함을 안내하고, 경기의 승패보다는 규칙 준수와 상호 존중, 정정당당한 경기 운영을 목적으로 경기가 이루어지도록 한다.
	
	Tip 경기 분석 결과 보고서를 작성하면서 참여 과정을 성찰하고 개선점을 논의한다.

학년   반   번   이름: 모둠명:

농구 경기 방법과 규칙 이해하기 1

✖ 농구 경기에 필요한 구성원과 경기장 명칭을 적어보자.

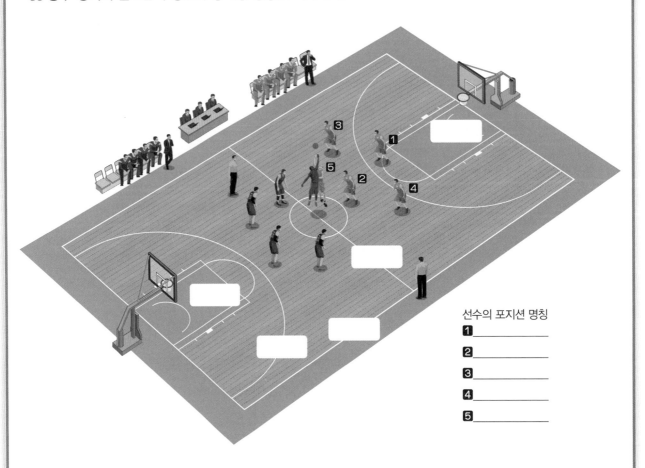

선수의 포지션 명칭
1 _____
2 _____
3 _____
4 _____
5 _____

✖ 농구 경기 방법을 적어보자.

경기 방법	설명
경기 인원	• 각 팀은 5명의 선수가 경기에 출전하고, 7명의 교체 선수를 둘 수 있다. • 선수 교체에는 제한이 없다.
경기 시간	• 10분 4피리어드로 진행한다. • 4피리어드 동점일 경우 5분 연장전을 실시한다.
작전 시간(타임아웃)	• 전반전 2회, 후반전 3회의 작전 시간이 허용된다. • 연장전마다 1회씩 허용된다.
휴식 시간	• 하프 타임에 15분의 휴식 시간이 주어진다. • 각 피리어드 사이에 2분간의 휴식 시간이 주어진다.
득점	• 1점: 자유투(프리 스로)를 성공했을 때 • 2점: 2점 지역이나 3점 라인을 밟고 득점했을 때 • 3점: 3점 라인 밖에서 득점했을 때
경기 시작 및 재개	1피리어드는 주심의 점프볼로 경기를 시작하고, 매 피리어드가 시작될 때 공격권을 교대한다.
코트의 교대	2피리어드가 끝나면 양 팀은 코트를 교대한다.

학생 활동지
2

학년   반   번   이름: 모둠명:

농구 경기 방법과 규칙 이해하기 2

✖ 다음은 농구 경기 규칙에 대한 설명이다. 관련 있는 것끼리 선을 잇고, 빈칸을 채워 보자.

① **바이얼레이션**: 신체 접촉 없이 규칙을 위반하는 것으로, 바이얼레이션이 일어난 곳으로부터 가장 가까운 경계선 밖에서 상대 팀에게 스로인을 부여한다.

트래블링 ·   · 드리블을 하다가 공을 잡고 다시 드리블했을 때

더블 드리블 ·   · 고의로 공을 발로 건드렸을 때

하프 라인
바이얼레이션 ·   · 공을 가지고 3보 이상 이동했을 때

풋볼 ·   · 하프 라인을 통과한 후 상대 팀 코트에서 공을 다루다가 자기 팀 코트로 공이 넘어갔을 때

② **시간과 관련된 바이얼레이션**: 시간 규칙을 위반하는 것으로, 바이얼레이션이 일어난 곳으로부터 가장 가까운 경계선 밖에서 상대 팀에게 스로인을 부여한다.

3초룰 위반 ·   · 공격 하는 팀은 제한된 ◯초 시간 안에 슛해야 한다.

5초룰 위반 ·   · 공을 소유한 뒤 ◯초 이내에 상대 팀 코트로 넘어가야 한다.

8초룰 위반 ·   · 근접 방어를 당한 선수는 ◯초 이내에 패스, 드리블, 슛 등을 해야 한다.

24초룰 위반 ·   · 골밑 제한 구역 안에서 ◯를 초과해서 머물러서는 안 된다.

③ **퍼스널 파울**: 상대 팀 선수와 부당한 신체 접촉으로 일어나는 파울로, 파울이 일어난 곳으로부터 가장 가까운 경계선 밖에서 상대 팀에게 스로인을 부여한다.

홀딩 ·   · 상대 선수를 잡았을 때

푸싱 ·   · 상대방을 넘어지게 했을 때

차징 ·   · 상대방의 움직임을 방해했을 때

트리핑 ·   · 공의 소유에 관계없이 상대방의 몸통을 밀거나 부딪히는 신체 접촉이 일어났을 때

블로킹 ·   · 상대 선수를 밀었을 때

④ **퇴장**: 퍼스널 파울을 (   )개 범한 선수는 퇴장 당하게 된다.

⑤ **팀파울**: 각 피리어드에서 4개의 반칙을 범하면 팀파울이 적용되며, 5번째 파울부터는 상대 팀에게 (   ) 2개가 주어진다.

⑥ **테크니컬 파울**: (   )에 위배되는 반칙으로, 상대 팀에게 자유투와 함께 공격권이 주어진다.

학생 활동지
3

학년　반　번　이름:　　　모둠명:

농구 모둠별 리그전 참여하기

✖ 모둠별 리그전으로 농구 경기를 진행하여 경기 수행 능력을 평가해 보자.

1 활동 방법

- 모둠별로 10명씩, 3개 모둠을 만든다.
- 2개 모둠은 경기를 하고, 1개 모둠은 경기 진행 및 기록을 담당한다.
- 경기 진행을 맡은 모둠은 심판 2명, 시간 관리 및 점수 기록 2명, 경기 보조원 2명, 경기 기록원 4명으로 구성한다.
- 경기 기록원은 경기를 관람하면서 기록지를 작성한다.
- 매 경기마다 경기 기록지를 작성하고, 누적된 기록을 수행 평가에 반영한다.

2 경기 방법 및 경기 규칙

- 경기를 하는 두 팀은 총 3라운드 경기를 실시한다. 1라운드는 1:1 경기, 2라운드는 3:3 경기, 3라운드는 5:5 경기를 실시한다.
- 경기 시간은 1라운드 3분, 2라운드 8분, 3라운드 15분으로 운영한다.
- 혼성 학급일 경우에는 1, 2라운드는 여학생, 3라운드는 남학생으로 운영할 수 있다.
- 경기장 크기는 1, 2라운드는 하프 코트, 3라운드는 정식 경기장에서 진행한다.
- 경기 규칙은 일반적인 농구 규칙을 적용하며, 1, 2라운드는 3on3 경기 규칙을 적용한다.
- 팀별로 각 라운드에 출전할 선수 명단을 제출한다.

3 수준에 따른 경기 규칙

- 학생들의 수준에 따라 경기장의 크기를 변경하여 진행한다.
- 학생들의 경기 기능 수준이 낮을 때에는 바이얼레이션 규정을 완화한다(더블 드리블, 트래블링 등).

4 수행 평가 점수 산정 방법

- 리그전: 1위(20점), 2위(18점), 3위(16점)
- 리그전 경기 진행 및 경기 기록 평가: 매우 우수(10점), 우수(9점), 보통(8점), 미흡(7점), 매우 미흡(6점)
- 리그전 개인 기능 평가: 1~2위(20점), 3~4위(18점), 5~6위(16점), 7~8위(14점), 9~10위(12점)

활동지

이름	슛(득점)	리바운드	실책	바이얼레이션	어시스트	공격자 반칙	총점	순위
○○○	6	2회×2=4	3회×(−2)=−6	2회×(−2)=−4	4회×2=8	1회×(−2)=−2	+6	2
○○○	4	3회×2=6	2회×(−2)=−4	1회×(−2)=−2	5회×2=10	3회×(−2)=−6	+8	1

- 슛은 획득한 점수를 그대로 기록한다.
- 리바운드는 성공 횟수×2점으로 기록한다.
- 실책(패스 미스)과 바이얼레이션은 실패한 횟수×(−2)로 기록한다.
- 어시스트는 성공 횟수×2점으로 기록한다.
- 공격자 반칙은 공격할 때 반칙한 횟수×(−2)로 기록한다.

학생 활동지 4

| 학년 반 번 이름: | 모둠명: |

리그전 기록지

	1라운드						총점	
	1 : 1							
	승/패	득점	승/패	득점	승/패	득점	승/패	득점
	모둠 1		모둠 2		모둠 3			
모둠 1			승	3	패	2	1승 1패	5점
모둠 2	패	2			패	2	2패	4점
모둠 3	승	4	승	4			2승	8점

	2라운드						총점	
	3 : 3							
	승/패	득점	승/패	득점	승/패	득점	승/패	득점
	모둠 1		모둠 2		모둠 3			
모둠 1			패	9	패	6	2패	15점
모둠 2	승	7			승	9	2승	16점
모둠 3	승	8	패	6			1승 1패	14점

	3라운드						총점	
	5 : 5							
	승/패	득점	승/패	득점	승/패	득점	승/패	득점
	모둠 1		모둠 2		모둠 3			
모둠 1			승	16	패	12	1승1패	28점
모둠 2	패	10			승	15	1승1패	25점
모둠 3	승	14	패	15			1승1패	29점

	승/패(승점)		득점		총점 (승점+득점)	순위
	1라운드+2라운드+3라운드	합계	1라운드+2라운드+3라운드	합계		
모둠 1	2승 4패	4	5+15+28	48	52	2
모둠 2	3승 3패	6	4+16+25	45	51	3
모둠 3	4승 2패	8	8+14+29	51	59	1

- 득점은 획득한 점수를 그대로 기록한다.
- 라운드별 승/패, 득점을 모두 기록한다.
- 승점의 기록은 승리한 팀 2점, 무승부 1점, 패한 팀 0점으로 기록한다.
- 각 라운드별 승점과 득점을 모두 합산하여 순위를 기록한다.

학생 활동지 5

학년   반   번   이름: 모둠명:

개인 기록 평가 및 결과 분석 보고서

✖️ 경기를 마친 후 개인 기록 평가지를 작성하고, 총평을 작성해 보자.

모둠명	
모둠원	

개인 기록 평가지

이름	슛				리바운드		볼 핸들링		
	2점 슛	3점 슛	자유투	슛 블록	공격 리바운드	수비 리바운드	어시스트	가로채기	공격자 파울 유도

1경기	역할/ 책임 수행도	1	2	3	4	5	6	7	8	9	10
	전략/ 전술 활용도	1	2	3	4	5	6	7	8	9	10
	분석 결과										
2경기	역할/ 책임 수행도	1	2	3	4	5	6	7	8	9	10
	전략/ 전술 활용도	1	2	3	4	5	6	7	8	9	10
	분석 결과										
3경기	역할/ 책임 수행도	1	2	3	4	5	6	7	8	9	10
	전략/ 전술 활용도	1	2	3	4	5	6	7	8	9	10
	분석 결과										
총평	반성										
	계획										

서술형 평가 자료

➕ 농구 경기의 공격 전술 또는 수비 전술 중 한 가지를 선택하여 개념과 종류를 200자 내외로 서술하시오.

예

• 공격 전술

농구 경기의 공격 전술은 득점을 위해 개인 또는 팀 동료와 협력하여 상대 팀의 골 앞까지 이동하는 전술이다. 상대 팀이 수비 대형을 갖추기 전에 빠르게 공격하는 속공법과 공격 대형을 정비하고 상대 팀의 단점을 공략하는 지공법이 있다. 속공법에는 2인 속공, 3인 속공 등이 있고, 지공법에는 스크린플레이, 백도어 플레이, 컷인 플레이 등이 있다.

• 수비 전술

농구 경기의 수비 전술은 상대 팀의 공격 방법을 예측하고, 득점 기회를 효과적으로 차단하는 방법이다. 1 대 1로 수비하는 대인 방어와 일정한 수비 구역을 분담하는 지역 방어가 있다. 대인 방어는 밀착 수비를 통해 상대 팀의 실수를 유발하거나 공을 빼앗기에 유리하지만 체력 소모가 많고 팀 반칙이 늘어날 수 있다. 지역 방어는 리바운드와 속공에 유리하지만 외곽 슛이 좋고 속공에 능숙한 팀에는 불리하다.

채점 기준

평가 요소	수준	평가 기준
농구 경기의 공격 또는 수비 전술의 개념과 종류를 이해하는지 평가	우수	공격 또는 수비 전술의 개념과 종류를 정확하게 설명하였다.
	보통	공격 또는 수비 전술의 개념은 정확하게 알고 있으나 종류를 일부만 설명하였다.
	미흡	공격 또는 수비 전술의 개념과 종류를 알지 못하고 부분적으로 설명하였다.

서술형 평가 자료

✚ 농구 리그에 참여하면서 자신이 맡은 역할을 설명하고, 그 과정에서 배우거나 느낀 점을 서술하시오.

> 예 팀의 가드로서 경기의 흐름을 파악하여 팀의 공격과 수비를 조율하였으며, 풍부한 경험을 바탕으로 여유 있게 경기를 운영하였다. 나(가드)의 경기 운영 전략에 맞추어 팀원들이 적극적으로 참여해 주어 고마웠고, 슛을 성공하지 못했을 때도 친구들이 '괜찮다'며 격려해 주어 더 열심히 경기에 임할 수 있었다.

⌐ 채점 기준 ⌐

수준	평가 기준
우수	자신이 맡은 역할을 정확히 설명하였으며, 리그전에서 배우거나 느낀 점을 솔직히 서술하였다.
보통	자신이 맡은 역할을 설명하였으며, 리그전에서 배우거나 느낀 점을 서술하였다.
미흡	자신이 맡은 역할을 제대로 설명하지 못했으며, 리그전에서 배우거나 느낀 점을 서술하지 못하였다.

핵심 개념 평가

핵심 역량	평가 요소 (핵심 개념)	평가 기준	우수	보통	미흡
자기 관리 역량	자기 점검	모둠별 리그전 경기에서 자신이 맡은 역할과 경기 수행에 필요한 사항을 사전에 점검하였는가?			
	도전 정신	모둠별 리그전 경기에서 자신이 맡은 역할을 충실히 수행하며 포기하지 않고 끝까지 최선을 다하였는가?			
	체력 증진	모둠별 리그전 경기에서 공격과 수비 전환 시 머뭇거리지 않고 신속하게 이동하며 맡은 역할을 수행하였는가?			
지식 정보 처리 역량	문제 해결 방안 탐색	경기 상황에서 발생하는 여러 가지 상황을 이해하고, 상대 팀의 전략과 전술에 적절하게 대응할 대안을 합리적으로 마련하였는가?			
		모둠별 리그전 경기에서 맡은 역할을 수행하기 위해 필요한 정보를 분석하고 책임감 있게 수행하였는가?			
의사소통 역량	갈등 조정 능력	모둠 내 또는 상대 팀과의 갈등 상황에서 상대의 의견을 존중하고 경청하며 문제를 해결하려 노력하였는가?			
공동체 역량	나눔과 배려	모둠별 리그전 경기에서 적절한 패스와 어시스트를 통해 모둠원이 협동하며 경기에 참여할 수 있도록 노력하였는가?			
	협동과 협업	모둠원의 역량을 파악하여 공평하게 역할을 분담하였는가?			
	갈등의 예방과 해결	경기 중 구성원이 실수를 했을 때 비난하지 않고 격려하며 경기에 참여하였는가?			
흥미도		모둠별 리그전 경기에 흥미를 느끼며 적극적으로 참여하였는가?			

평가의
방향

- 미리 세워 놓은 전략 및 전술을 수행하는 과정에서 자신이 맡은 역할과 책임에 충실하였는지 평가한다.
- 우리 팀과 상대 팀의 장단점, 전략, 전술 등을 효과적으로 이해하는지 살펴본다.
- 경기 결과 보고서 작성 시 문제를 바라보는 다양한 시각과 의견들이 반영될 수 있도록 충분한 협의가 이루어지도록 한다.
- 친구들의 조언을 긍정적으로 해석하고 성장의 밑거름으로 삼을 수 있도록 하며, 서로의 의견을 존중해 주는 것이 올바른 대인 관계를 형성하는 기반임을 강조한다.

영역	경쟁_ 영역형 경쟁	신체 활동	농구	권고 차시	4~6

수업 목표	• 농구 경기를 진행하면서 선수, 감독, 심판, 기록원, 경기 보조원, 스포츠 중계원 등 스포츠 리그전을 구성하고 있는 다양한 역할을 수행할 수 있다. • 농구 축제 참여를 통해 스포츠 문화를 이해하고, 스포츠의 의미와 인성적 가치를 실천할 수 있다.

교과 역량	경기 수행 능력

성취 기준	[9체03-03] 영역형 경쟁 스포츠의 경기 방법과 전략을 이해하고 경기에 활용할 수 있으며, 경기 상황에 맞게 전략을 진단하여 창의적으로 적용한다. [9체03-04] 영역형 경쟁 스포츠에 참여하면서 경기 규칙을 준수하고 상대방을 존중하며, 정정당당하게 경기한다. [12체육03-04] 경쟁 스포츠에 참여하면서 스포츠맨십과 페어플레이, 존중 및 배려를 실천하고 반성한다. [12운건03-02] 운동 과정에서 발생할 수 있는 운동 손상을 예방하고, 운동 손상이 발생했을 때 적절한 대처 요령 및 처치 방법을 적용한다. [12스생01-04] 스포츠 참여 과정에서 스포츠맨십과 페어플레이 정신을 발휘하고 윤리적 태도를 함양한다. [12스생02-02] 스포츠 활동에 참여하면서 스포츠 경쟁의 의미를 이해하고, 스포츠를 통해 서로를 존중하고 배려하는 태도로 상호 작용함으로써 긍정적 대인 관계를 형성한다. [12스생03-02] 스포츠 상황에서 발생할 수 있는 안전사고를 예방하고, 안전사고가 발생했을 때 적절한 대처 요령 및 처치 방법을 적용한다.

수업의 흐름	농구 경기의 구성원으로 다양한 역할 수행하기 ➡ 페어플레이의 의미와 가치 체험하기

	교수·학습 활동	수업 방법	평가 방법
과정 중심 수업·평가	• 다양한 역할 분담을 통해 스포츠 축제 참여하기 　– 스포츠 참여 과정에서 나타나는 다양한 역할을 이해하고 있는가? 　– 모든 학생이 맡은 역할에 책임을 다하여 농구 축제에 참여하였는가? • 농구 경기 규칙을 준수하며 페어플레이 실천하기 　– 경기 규칙을 준수하며, 정정당당하게 경기에 참여하였는가? 　– 페어플레이 정신을 실천하면서 스포츠의 가치를 이해하였는가?	• 경기 지도식 • 협동 학습	• 활동 보고서 • 경기 수행 능력 평가 • 서술형 평가

수업 활동	지도 Tip
(1) 스포츠 축제 진행 계획하기 　– 스포츠 축제의 경기 운영 방법 및 경기 일정을 계획한다. 　– 스포츠 축제 진행에 필요한 구성원 역할을 분담한다. **(2) 페어플레이로 행복한 농구 축제 참여하기** 　– 페어플레이 서약서에 서약하고 선수와 감독으로 참여한다. 　– 농구 심판법을 익히고 학생 심판으로 참여한다. 　– 경기장 운영 상황을 감독·확인하고 경기 보조원으로 참여한다. 　– 기록지 작성법을 익히고 기록원으로 활동한다. 　– 모의 중계 활동을 계획하고 스포츠 중계원으로 활동한다. **(3) 축제로 농구 즐기기** 　– 농구 미니 게임에 참여한다. 　– 참여 소감, 작품 활동을 창작한다.	Tip 구성원 모두가 축제 진행을 위한 여러 가지 행사를 함께 기획하고 계획할 수 있도록 지도한다. Tip 스포츠 축제에 필요한 역할 중 자신이 희망하는 역할을 스스로 정할 수 있는 선택권을 부여한다. 또한 자신이 맡은 역할에 책임을 다하여 수행할 수 있도록 책무성을 부여한다. Tip 스포츠 리그전 참가 시 농구 규칙을 준수하고 페어플레이로 경기가 이루어지도록 지도한다.

학생 활동지
1

학년 반 번 이름: 모둠명:

농구 축제 계획표 작성하기

❈ 학급 스포츠 위원회를 구성하여 페어플레이로 행복한 농구 축제 운영안을 계획해 보자.

스포츠 위원회 구성	역할	이름
위원회 회장	사전, 사후 평가	
총괄 부장	전반적인 축제 운영 총괄	
심판 부장	경기 규칙의 고시 및 변형 규칙 제정	
경기 부장	축제 진행 일정, 경기 일정 계획 및 진행	
기획 부장	축제 중 문화 행사 및 사후 평가 창작 활동 수집 및 전시	

페어플레이로 행복한 농구 축제 운영안	
축제 기간	2000년 월 일 요일 ~ 월 일 요일
참가 팀	예 행복팀, 농구팀, 축제팀
경기 운영 방법 및 일정	예 풀 리그전 3회 실시
새로 제정할 변형 규칙	예 여학생은 2점 슛을 3점으로, 3점 슛을 4점으로 인정
축제 중 실시할 문화 행사	예 농구 미니 게임
기타 계획	예 축제 후 참가 소감 창작 활동하기

❈ 스포츠 리그전에 필요한 역할 분담표를 작성해 보자.

① 역할 설명

☑ 감독: 팀원들이 공정한 의사 결정을 할 수 있도록 도우며, 팀 전술과 전략을 지시한다.
☑ 선수: 페어플레이 정신을 가지고 상대 팀을 배려하고 존중하며 정정당당하게 경기에 임한다.
☑ 심판: 경기의 시작과 진행에 관련된 모든 규칙과 절차를 운영한다.
☑ 경기 기록원: 선수들의 득점을 비롯한 수행 기록을 기록지에 작성한다.
☑ 안전 요원: 응급 상황에 대비하여 구급함을 구비하고 대기한다.
☑ 아나운서: 선수들의 플레이를 창의적으로 중계한다.

역할	팀원 이름	역할	팀원 이름
감독		선수	
심판		경기 기록원	
안전 요원		아나운서, 해설가	

학생 활동지 2

학년 반 번 이름: 모둠명:

페어플레이 서약서 작성하기(감독, 심판, 선수)

페어플레이는 스포츠맨십에 입각하여 규칙을 준수하며 경기에 참여하는 태도를 말한다. 즉, 공정한 방법으로 경기에 최선을 다하고 심판의 지시에 따르며, 규칙을 지키면서 패배를 인정하고 승자에게 박수를 보낼 줄 아는 것이라고 할 수 있다.

✤ 내가 생각하는 페어플레이란?

✤ 다음 상황에 나타난 '반칙 작전'의 문제점을 페어플레이 관점에서 적어 보자.

행복 고등학교 스포츠 축제 농구 대회에서 1학년 1반과 2반의 결승전 경기가 열렸다. 경기 종료 30초를 남겨 두고 1반이 2점을 앞서 있는 상태에서 2반이 작전 시간을 요청하였다. 2반 감독 역할을 맡은 학생은 "시간이 얼마 없으니 '반칙 작전'을 사용해서 상대 팀이 자유투를 놓치는 것을 기다렸다가 공격 하자"는 작전을 지시하였다. 2반 학생들은 지시에 따라 반칙 작전을 하였고, 1반 학생은 자유투 2개를 모두 성공시키지 못했다. 2반 학생들은 경기 종료 직전 3점 슛을 성공시켜 스포츠 축제 농구 대회에서 우승을 차지하였다.

반칙 작전의 문제점

✤ 페어플레이 실천 서약서를 작성해 보자.

▣ 페어플레이 실천 서약서 ▣

나는 행복한 농구 축제에 참여하면서 아래와 같이 페어플레이를 실천할 것을 서약합니다.

하나, 심판의 지시와 경기 규칙을 준수하며 공정하게 경기에 참여한다.
하나, 팀원과 협동하고 상대방을 존중하며 정정당당하게 경쟁한다.
하나, 경기 상황에서 어려운 상황이 있더라도 도전 의식을 갖고 끝까지 최선을 다한다.

2000년 0월 0일

학년 반 이름: ____________ (서명)

학생 활동지 3

학년 반 번 이름: 모둠명:

심판의 수신호 종류(과제 카드)

심판의 수신호를 익혀 경기를 원활하게 진행해 보자.

바이얼레이션 수신호

	**트래블링** 가볍게 주먹을 쥐고 가슴 앞에서 원을 그리며 손을 돌린다.		**8초 바이얼레이션** 양손을 어깨선 위로 들어 손가락 8개를 펴서 보여준다.
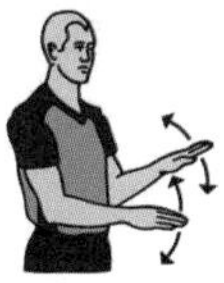	**더블 드리블** 손바닥을 펴고 양손을 아래 위로 저으며 드리블하는 동작을 취한다.		**24초 바이얼레이션** 팔을 들어 같은 방향 어깨를 손가락으로 터치한다.
	**3초 바이얼레이션** 한 팔을 어깨 높이로 들어 손가락 3개를 편다.		**캐링 더 볼** 허리 높이에서 손바닥을 하늘로 향하게 펴고 앞쪽 방향으로 손바닥이 바닥을 향하도록 손을 뒤집는 동작을 반복한다.
	**5초 바이얼레이션** 어깨선 위로 손을 들어 손가락 5개를 펴서 보여준다.	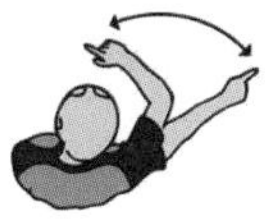	**센터 라인 바이얼레이션** 손가락으로 하프 라인을 가리키며 공격 코트와 수비 코트를 향해 팔을 흔든다.

파울 수신호

	**부당한 손 사용** 한 손으로 다른 손의 손목을 친다.		**공을 가진 사람의 차징** 주먹을 쥐고 손바닥을 친다.
	**진로 방해** 양손을 허리에 갖다 댄다.		**공을 컨트롤하고 있는 팀의 반칙** 공격 팀을 향하여 주먹 쥔 팔을 펴며 뻗는다.
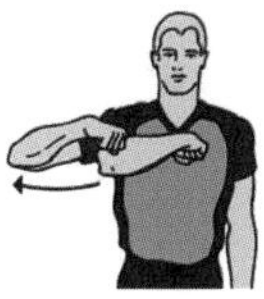	**과도한 팔꿈치 스윙** 팔꿈치를 앞 뒤쪽으로 흔든다.		**더블 파울** 주먹을 쥐고 머리 위로 팔을 가로 저으며 흔든다.
	**홀딩** 어깨 높이로 한 손을 앞으로 펴며 다른 손으로 손목을 잡는다.		**푸싱** 양팔을 어깨 높이로 앞으로 뻗는다.
	**테크니컬 파울** 손바닥이 보이도록 양손으로 T자 모양을 만든다.		**언스포츠맨라이크 파울** 팔을 머리 위로 들어 올려 한 손으로 다른 손의 손목을 잡는다.

학생 활동지 4

학년   반   번   이름: 모둠명:

수신호 체크 리스트(심판)

❌ 정확한 심판 수신호를 사용하여 다음 사항을 판정할 수 있는지 체크해 보자.

수신호 종류		체크 사항	확인
바이얼레이션	트래블링	경기 중 부당하게 움직이는 피벗 풋을 판정할 수 있는가?	☐5 ☐4 ☐3 ☐2 ☐1 ☐0
	더블 드리블	경기 중 첫 번째 드리블을 끝낸 다음 다시 드리블하는 더블 드리블 판정을 할 수 있는가?	☐5 ☐4 ☐3 ☐2 ☐1 ☐0
	3초 바이얼레이션	프론트 코트에서 공을 컨트롤하고 있는 선수가 상대 팀의 제한 구역 안에 3초를 초과하여 머무르는지 판정할 수 있는가?	☐5 ☐4 ☐3 ☐2 ☐1 ☐0
	5초 바이얼레이션	공을 가진 선수가 근접 방어를 당할 때 5초 이내에 패스나 숏 또는 드리블을 하지 않는지 판정할 수 있는가?	☐5 ☐4 ☐3 ☐2 ☐1 ☐0
	8초 바이얼레이션	백코트에서 스로인한 공을 8초 이내에 프론트 코트로 넘어가지 못하는 것을 판정할 수 있는가?	☐5 ☐4 ☐3 ☐2 ☐1 ☐0
	24초 바이얼레이션	공격 팀이 24초 이내에 숏을 하지 못하거나 숏한 공이 링을 맞히지 못하는 것을 정확하게 판정할 수 있는가?	☐5 ☐4 ☐3 ☐2 ☐1 ☐0
	캐링 더 볼	드리블하는 과정에서 손바닥 위에 공이 얹어졌다 다시 드리블을 하는 캐링 더 볼 판정을 할 수 있는가?	☐5 ☐4 ☐3 ☐2 ☐1 ☐0
	센터라인 바이얼레이션	프론트 코트에서 공격하던 팀이 부당하게 자신들의 백코트로 공을 보내 컨트롤하는 것을 판정할 수 있는가?	☐5 ☐4 ☐3 ☐2 ☐1 ☐0
점수 계			( ) 점
파울	부당한 손 사용	공의 소유와 관계없이 상대 선수를 손으로 반복해서 터치하거나 움직임을 방해하기 위해 손을 사용하는 파울을 판정할 수 있는가?	☐5 ☐4 ☐3 ☐2 ☐1 ☐0
	진로 방해	공의 소유와 관계없이 상대 선수의 진로 및 움직임을 방해하는 파울을 판정할 수 있는가?	☐5 ☐4 ☐3 ☐2 ☐1 ☐0
	과도한 팔꿈치 스윙	팔꿈치를 사용하여 상대 선수에게 위협을 가하는 행동이 일어났을 때 판정을 정확히 할 수 있는가?	☐5 ☐4 ☐3 ☐2 ☐1 ☐0
	홀딩	상대 선수의 자유로운 행동을 저지하는 신체 접촉 또는 팔을 쳐서 공의 캐치를 방해했을 때 홀딩 파울로 판정할 수 있는가?	☐5 ☐4 ☐3 ☐2 ☐1 ☐0
	테크니컬 파울	스포츠맨십과 페어플레이 정신에 반하여 난폭한 행위를 하거나 고의 또는 반복하여 비협조적이거나 불복하는 행위가 일어났을 때 테크니컬 파울로 판정할 수 있는가?	☐5 ☐4 ☐3 ☐2 ☐1 ☐0
	공을 가진 사람의 차징	공을 가진 선수의 몸통을 밀거나 부딪치는 신체 접촉을 판정할 수 있는가?	☐5 ☐4 ☐3 ☐2 ☐1 ☐0
	공을 컨트롤하고 있는 팀의 반칙	공격 팀의 선수가 움직임을 위해 수비수에게 부당한 신체 접촉이나 비신사적인 행위를 가하였을 때 파울을 판정할 수 있는가?	☐5 ☐4 ☐3 ☐2 ☐1 ☐0
	더블 파울	2명의 상대 팀 선수가 거의 동시에 파울을 범하는 상황이 일어났을 때 더블 파울을 판정할 수 있는가?	☐5 ☐4 ☐3 ☐2 ☐1 ☐0
	푸싱	공의 컨트롤 여부와 관계없이 상대 선수를 밀거나 밀어 내려는 동작을 푸싱 파울로 판정할 수 있는가?	☐5 ☐4 ☐3 ☐2 ☐1 ☐0
	언스포츠맨 라이크 파울	규칙의 정신과 의도를 벗어나 직접 공을 플레이하려는 정당한 의도가 없는 행위가 일어났을 때 언스포츠맨 라이크 파울로 판정할 수 있는가?	☐5 ☐4 ☐3 ☐2 ☐1 ☐0
점수 계			( ) 점

학생 활동지 5

학년 반 번 이름: 모둠명:

농구 리그전 경기 기록지(경기 기록원)

모둠별 농구 리그전을 진행하며 기록을 작성해 보자.

순번	모둠명							순번	모둠명						
	선수 이름	배번	개인 파울						선수 이름	배번	개인 파울				
1			1	2	3	4	5	1			1	2	3	4	5
2			1	2	3	4	5	2			1	2	3	4	5
3			1	2	3	4	5	3			1	2	3	4	5
4			1	2	3	4	5	4			1	2	3	4	5
5			1	2	3	4	5	5			1	2	3	4	5
6			1	2	3	4	5	6			1	2	3	4	5
7			1	2	3	4	5	7			1	2	3	4	5
8			1	2	3	4	5	8			1	2	3	4	5
9			1	2	3	4	5	9			1	2	3	4	5
10			1	2	3	4	5	10			1	2	3	4	5

득점																				
배번	1	2	3	4	5	6	7	8	9	10	11	12	13	14	15	16	17	18	19	20
모둠 1																				
모둠 2																				
모둠 3																				

	모둠 1	모둠 2	모둠 3	승/패	순위
모둠 1					
모둠 2					
모둠 3					

학생 활동지
6

학년   반   번   이름: 모둠명:

스포츠 모의 중계하기(아나운서, 해설가)

✖ 스포츠 중계에 필요한 정보를 작성하고, 아나운서 또는 해설가가 되어 농구 경기를 중계해 보자.

〈중계에 필요한 정보〉
• 선수 정보 확인(이름, 넘버, 포지션, 주요 역할)
• 양 팀 경기 전력 사전 분석
• 농구 경기에서 쓰이는 전문 용어
• 농구 경기의 전술 및 전략
• 경기 상황과 관련된 스토리텔링, 각종 스포츠 상식

〈중계 팀의 구성〉
• 자료 수집: 경기와 관련된 자료를 수집하여 아나운서에게 전달한다.
• 아나운서: 경기 방법과 규칙을 곁들여 가며 경기 상황과 선수들의 플레이를 중계하며 해설한다.
• 촬영 및 연출: 스마트폰 또는 학교 방송 장비를 이용하여 경기를 촬영한 후 촬영된 동영상을 편집한다.

아나운서 담당				해설 담당			

선수 정보	____ 팀						____ 팀
	순	이름	포지션/No	주요 역할	순	이름	포지션/No	주요 역할
	1				1			
	2				2			
	3				3			
	4				4			
	5				5			

팀 전력 비교·분석	____ 팀		____ 팀	
	공격 전술		공격 전술	
	수비 전술		수비 전술	
	팀워크		팀워크	
	팀간 전적			

전문 용어	
전술 및 전략 정보	
스포츠 상식	
중계 주제	

중계 대본

학생 활동지
7

학년   반   번   이름: 모둠명:

안전사고 예방 및 대처하기(안전 요원) 1

✖ 농구 경기 중 주로 발생하는 운동 상해를 알아보고, 예방 및 대처 방법을 익혀 보자.

부상 정도	운동 상해	원인 및 증상	응급 처치 방법
경미한 부상	찰과상	피부에 가해지는 마찰열에 의해 발생하는 상처로, 상처 부위가 물집이 잡혀 부풀어 오르거나 염증이 생긴다.	• 상처 부위의 이물질을 제거하고 소독한다. • 2차 감염을 막기 위해 상처 부위에 연고를 바르고 소독된 거즈를 덮는다.
	타박상	물체에 맞거나 부딪혀 발생한다. 피부에 멍이 들고 부어오르며 피가 나기도 한다.	• 다친 부위를 붕대로 감고 가슴보다 높이 들어 부기를 가라앉힌다. • 상처 부위를 얼음으로 냉찜질한다.
	염좌	손목이나 발목 등을 접질려 근육, 인대, 힘줄 등이 늘어나거나 손상된 상태이다. 뼈에는 이상이 없으나 붓고 통증이 있어 움직이기 어렵다.	• 손상 부위를 높게 하고 절대 안정을 취한다. • 찬 물수건이나 얼음 팩을 손상 부위에 대어 부기를 가라앉힌다.
	근육 경련	근육과 신경이 피로해져 근육이 수축하거나 떨게 되는 상태이다. 뭉친 근육이 경련을 일으키며 통증을 유발한다.	• 뭉친 근육을 마사지 하여 풀어 준다. • 가벼운 걷기나 정리 운동으로 근육의 피로를 풀어 준다.
	물집	기계적 자극이 반복되어 주로 손발에 생기는 수포나 혈포를 말한다. 피부 표면이 부어오르고 빨갛게 되며 통증을 느낀다.	• 피부를 소독한 후 주사기 등으로 터트려 흡인하는 치료를 한다.
심각한 부상	탈구	관절을 둘러싼 인대 밖으로 뼈가 빠져 나와 통증이 심하다.	• 자세를 편하게 하고 냉찜질을 하여 붓는 것을 막는다. • 가급적 빨리 병원 치료를 받는다.
	골절	뼈가 부러지거나 금이 간 상태이다. 단순 골절과 복합 골절이 있으며, 복합 골절은 세균에 감염될 위험이 크다.	• 부러진 부위에 부목을 대어 고정한다. • 가급적 빨리 병원 치료를 받는다.
	근파열	외부의 심한 충격으로 근육이 끊어진 상태이다. 근육이 부어오르고 심한 통증과 함께 경련이나 출혈이 발생하기도 한다.	• 운동 전 준비 운동이나 스트레칭으로 근육의 유연성을 높여준다. • 근파열이 일어난 부위를 움직이지 않도록 고정한다. • 가급적 빨리 병원 치료를 받는다.
	뇌진탕	외부로부터 머리에 강한 충격이 가해질 때 뇌가 부분적으로 머리뼈에 부딪히며 발생한다. 심각할 경우 마비 증상이 나타날 수 있으며 이로 인해 후유증이 남을 수 있다.	• 의식이 있다면 휴식을 취하게 한다. • 의식이 없는 심각한 증상을 보이면 즉시 의료 처치를 받을 수 있도록 한다.
	심장 마비	심장의 기능이 갑자기 중단되는 현상으로 뇌 손상과 사망으로 이어질 수 있다.	• 주변 사람들에게 도움을 청하여 곧바로 119에 신고한다. • 심장 마비 증상을 보이면 즉시 심폐 소생술을 실시하고, 자동 심장 충격기가 구비되어 있다면 적극 활용한다.

학생 활동지 8

학년 반 번 이름: 모둠명:

안전사고 예방 및 대처하기(안전 요원) 2

안전사고가 발생했을 때 어떻게 대처해야 하는지 알아보자.

응급 구조 3C 원칙		
1단계 Check 위급 상황 인지	2단계 Call 119 신고	3단계 Care 처치 및 도움

• **부상 정도가 경미한 경우**
구급상자를 가져와 상처 부위에 응급 처치를 실시한다.

• **부상 정도가 심한 경우**
119에 곧바로 신고하여 사고 내용, 현재 상황, 위치 등을 알리고, 구급 대원이 지시에 따라 응급 처치를 실시한다.

심폐 소생술(CPR)

① 의식 확인
② 구조 및 도움 요청
③ 가슴 압박 30회

④ 기도 유지
⑤ 인공호흡 2회
⑥ 가슴 압박, 기도 유지, 인공호흡 반복

다음과 같은 응급 상황이 발생했을 때의 행동 요령을 적어 보자.

방과 후에 학교 운동장에서 친구들과 2:2 농구 경기를 하였다. 재미있게 경기를 하던 중 상대 팀인 민수가 슛을 막기 위해 점프하다가 중심을 잃으면서 농구대에 머리를 심하게 부딪쳐 의식을 잃었다. 이런 상황을 처음 겪는 나와 친구들은 처음에는 당황했지만 이내 냉정을 되찾고, 스포츠 안전 교육 시간에 배운 안전 지식을 바탕으로 차분히 응급 처치를 하였다.

응급 상황 단계	의사 결정 및 응급 처치 실천 행동
위급 사항 인지 단계	
119 신고 단계	
응급 처치 단계	

학생 활동지 9

학년 반 번 이름: 모둠명:

미니 게임(과제 카드)

✖ 프로 농구 경기에서 진행하는 관중들의 이벤트 게임을 경험해 보고, 기록을 적어 보자.

① 슈팅 올림픽

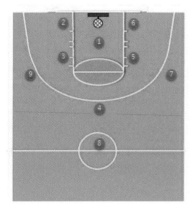

• 슈팅 올림픽 미니 게임

1. 출발 지점인 ① 지역에서 시작하여 번호 순서대로 슛을 한다.
2. 슛을 성공하지 못하면 그 지역에서 계속해서 슛을 시도한다.
3. ①~⑨까지 슛을 모두 성공하는 시간을 기록한다.
※ 수준에 따라 모둠별 릴레이로 실시할 수 있다.

이름 〳 기록	1차 기록	2차 기록	3차 기록

② 자유투 넣기

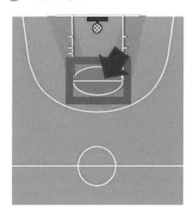

• 자유투 미니 게임

1. 자유투 라인에서 프리 드로우한다.
2. 자유투 10개 중 성공한 개수를 기록한다.
※ 수준에 따라 시간 내에 성공하는 자유투 개수를 기록할 수 있다.

이름 〳 기록	1차 (○/×)	2차 (○/×)	3차 (○/×)	4차 (○/×)	5차 (○/×)	6차 (○/×)	7차 (○/×)	8차 (○/×)	9차 (○/×)	10차 (○/×)	성공 개수

③ 버저비터

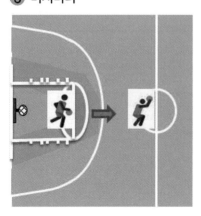

• 버저비터 미니 게임

1. 백코트에서 프론트 코트 방향으로 달려와 하프 라인에서 슛을 한다.
2. 슛의 성공 여부를 기록한다.
※ 수준에 따라 성공한 슛의 개수 또는 거리를 조정할 수 있다.

이름 〳 기록	1차 (○/×)	2차 (○/×)	3차 (○/×)	4차 (○/×)	5차 (○/×)	6차 (○/×)	7차 (○/×)	8차 (○/×)	9차 (○/×)	10차 (○/×)	성공 개수

학생 활동지

10

학년   반   번   이름: 모둠명:

참여 소감문 작성하기

✖️ 농구 축제에 참여하면서 느낀 점을 시, 수필, 그림, 그림일기 등 다양한 형식으로 표현해 보자.

(포함되어야 할 내용: 경기 중 발생한 상황에 대한 대처, 협동 및 갈등 사례, 역할 수행, 개선점, 정서적인 경험 등)

활동 체크 리스트

항목	확인
농구 축제에서 동료와의 협업, 경기 내용, 역할 수행 등의 측면에서 느꼈던 부분을 모두 포함하여 작성하였는가?	
농구 축제에 참여한 내용을 다양한 형식을 빌려 창의적으로 표현하였는가?	
페어플레이, 상대 존중, 협동, 도전 의식 등 스포츠 활동의 가치가 창작 작품에 내포되어 있는가?	

주제 8 페어플레이로 행복한 농구 축제   학년   반   번   이름:

페어플레이 행동 지표 체크 리스트

➕ 경기가 진행되는 동안 페어플레이 행동 지표에 체크한 후 페어플레이 상황을 점검하는 객관적인 자료로 활용해 보자.

페어플레이 행동 지표

(적절한 경우 O, 부적절한 경우 X로 표시)

선수명	성실			협동			정의			배려			합계 (O 개수)	등급
	경기 준비	시간 엄수	최선	절차 준수	대화 협력	책임 역할	반칙 인정	규칙 준수	판정 수용	동료 존중	상대 존중	심판 존중		

채점 기준

수준	평가 기준
우수	페어플레이 행동 지표에 O의 개수가 10개 이상이며, 경기가 진행되는 동안 페어플레이를 우수하게 실천하였다.
보통	페어플레이 행동 지표에 O의 개수가 5~9개이며, 경기가 진행되는 동안 페어플레이를 실천하였다.
미흡	페어플레이 행동 지표에 O의 개수가 4개 이하이며, 경기가 진행되는 동안 페어플레이를 미흡하게 실천하였다.

자기 평가하기

✛ 페어플레이로 행복한 농구 축제 경험을 떠올리며 다음 질문에 답하고, 스스로 평가해 보자.

체크 리스트	그렇다	그렇지 않다	잘 모르겠다
질문 1. 농구 경기로 스포츠 시즌에 참여한 것에 만족한다.			
질문 2. 농구 축제에서 내가 맡은 역할(심판, 기록원, 안전 요원 등)에 대해 많이 배웠다.			
질문 3. 농구 축제에 참여하는 동안 한 팀에 계속 소속되는 것이 좋았다.			
질문 4. 농구 축제에 참여하는 동안 우리 팀 동료들과 사이좋게 지냈다.			
질문 5. 다른 팀과 경쟁하는 동안 페어플레이 정신을 생각하며 역할을 수행하였다.			
질문 6. 농구 축제에 참여하는 동안 선수 역할을 수행하면서도 다른 역할을 수행할 수 있어 의미 있는 시간이었다.			
질문 7. 농구 축제를 리그전으로 진행한 점이 바람직하다고 생각한다.			
질문 8. 우리 팀이 농구 축제 기간 동안 훌륭한 팀워크를 보여주었다고 생각한다.			
질문 9. 농구 축제에서 맡은 역할과 임무를 성실하게 수행하였다.			
질문 10. 농구 축제에서 느꼈던 정서적 감정을 다양한 형식의 창작 작품으로 표현하는 것이 의미 있었다.			
농구 축제에 대한 한 줄 평			

서술형 평가 자료

✚ 페어플레이로 행복한 농구 축제에 참여하면서 느낀 농구 종목의 특징과 가치를 서술하시오.

> 예 농구 경기에서 팀의 공동 목표를 이루는 데에는 개인의 뛰어난 운동 기술도 필요하지만, 팀원 전체가 서로 협동하고 존중하며 활발한 의사소통을 통해 조직력과 팀워크를 키우는 것이 더욱 중요하다. 즉, 농구 경기의 승패는 개인의 능력보다는 팀의 조직력에 의해 좌우되는 경우가 많다. 따라서 농구를 하면 타인에 대한 배려와 존중, 페어플레이와 스포츠맨십 등을 자연스럽게 기를 수 있는 가치가 있다.

[채점 기준]

수준	평가 기준
우수	자신이 경험한 농구 경기의 특징을 바탕으로 농구의 가치를 명확하게 서술하였다.
보통	자신이 경험한 농구 경기의 특징을 바탕으로 농구의 가치를 서술하였다.
미흡	자신이 경험한 농구 경기의 특징과 가치를 서술하지 못하였다.

핵심 개념 평가

핵심 역량	평가 요소 (핵심 개념)	평가 기준	우수	보통	미흡
자기 관리 역량	자기 점검	자신이 맡은 역할과 경기 수행에 필요한 사항을 사전에 점검하였는가?			
	자기 평가	자신이 수행한 역할과 경기 수행에 대해 스스로 객관적으로 평가하였는가?			
	도전 정신	경기를 포기하지 않고 끝까지 최선을 다하였는가?			
	동기	자신이 맡은 역할에 흥미를 가지고 자발적으로 수행하였는가?			
지식 정보 처리 역량	정보 분석 및 처리	경기 상황에서 발생하는 문제를 파악하고 분석하여 해결점을 찾고, 이를 경기에 적용하였는가?			
		역할 임무를 수행하기 위해 필요한 정보를 분석하고 책임감 있게 수행하였는가?			
	전략 구안 및 분석	상대 팀의 전략과 전술에 대응할 전략을 구안하고, 정보를 합리적으로 분석하였는가?			
의사소통 역량	언어적 표현 능력	농구 축제에 참여하면서 느낀 점과 소감을 짜임새 있게 구성하여 구체적으로 작성하였는가?			
	의사 결정 능력	경기 중에 발생하는 다양한 의사 결정 상황에서 빠르고 올바르게 판단하였는가?			
공동체 역량	책임감	자신이 선택한 역할의 임무를 정확히 이해하고 책임감을 가지고 수행하였는가?			
	협동과 협업 능력	팀 구성원의 각자 능력을 고려하여 역할을 분담하고, 축제 진행의 모든 과정에서 함께 협력하고 페어플레이하였는가?			
	팀 단결력	팀원 간에 서로 격려하고 지지하는 협동 분위기를 형성하고 팀워크를 발휘하였는가?			
흥미도	활동에 흥미를 느끼며 적극적으로 참여하였는가?				

평가의 방향

- 농구 축제를 진행하는 동안 다양한 역할 임무를 탐색하고 수행하는 과정에서 스포츠 경기 문화를 이해하고 있는지 평가한다.
- 자신이 맡은 역할과 임무를 정확히 이해하고, 원활한 축제 진행을 위해 책임감을 가지고 성실하게 수행하였는지 평가한다.
- 스포츠 참여 과정에서 승패보다는 규칙을 준수하고 정정당당하게 경기에 임하는 페어플레이와 스포츠맨십의 정신을 발휘하는지 평가한다.
- 경기 중 일어날 수 있는 안전사고를 숙지하고, 응급 상황에서 올바른 의사 결정력을 발휘하는지 평가한다.
- 페어플레이를 실천하고 창의적인 경기 전략을 구사할 수 있는지 종합적으로 평가한다.
- 농구 축제 진행과 경기에 필요한 각자 역할의 중요성을 설명하고, 팀의 목표 수행을 위해 최선을 다해 참여하도록 격려한다.

영역	경쟁_ 영역형 경쟁	신체 활동	농구	권고 차시	1~2
수업 목표	• 농구와 관련한 진로와 직업을 탐색할 수 있다. • 자신에게 적합한 진로와 직업을 판단할 수 있다. • 진로와 직업에 관련된 구체적인 실천 계획을 세울 수 있다.				
교과 역량	건강 관리 능력(자기 관리, 진로 탐색)				
성취 기준	[9체03–01] 영역형 경쟁 스포츠의 역사와 특성을 이해하고, 경기 유형, 인물, 기록, 사건 등을 감상하고 분석한다. [12체육03–01] 경쟁 스포츠에 참여하는 과정에서 여러 유형의 경쟁 스포츠에 대한 비교 · 분석을 통해 경쟁 스포츠의 가치를 탐색한다. [12스생01–01] 현대 사회에서 제도화된 스포츠의 의미를 이해하고 스포츠의 역할과 특성을 탐색한다.				
수업의 흐름	농구 관련 진로와 직업 탐색하기 ➡ 자신에게 적합한 진로와 직업 찾기 ➡ 진로와 직업에 관련된 구체적인 실천 계획 세우기				

과정 중심 수업·평가	교수·학습 활동		수업 방법	평가 방법

	• 농구를 통한 진로 탐색하기
	  – 농구 관련 진로와 직업을 탐색할 수 있는가?
	  – 자신에게 적합한 진로와 직업을 찾을 수 있는가?
	  – 진로와 직업과 관련된 실천 가능한 구체적인 계획을 세울 수 있는가?
			• 탐구식
			• 토의 · 토론식
				• 서술형 평가

수업 활동	지도 Tip

(1) 스포츠 및 농구 관련 진로와 직업 탐색하기
  – 진로와 관련된 영상을 시청하고 스포츠 관련 진로와 직업에 대해 이해한다.
  – 스마트폰과 체육 진로·직업 관련 자료를 통해 농구 관련 진로와 직업을 탐색한다.
(2) 자신에게 적합한 진로와 직업 찾기
  – 자신의 성격과 특성에 알맞은 진로와 직업을 찾아본다.
(3) 진로와 직업에 관련된 구체적인 실천 계획 세우기
  – 자신이 선택한 진로와 직업을 실현하기 위해 실천 가능한 계획을 구체적으로 세운다.
	Tip 다양한 매체를 통해 진로와 직업 관련 정보를 검색하고 공유하도록 안내한다.
	
	Tip 자신의 흥미와 적성을 고려하여 진로와 직업을 선택하도록 안내한다.
	
	Tip 단기 목표와 장기 목표로 나누어 구체적으로 작성하고 실천할 수 있도록 안내한다.

학생 활동지
1

학년   반   번   이름: 모둠명:

스포츠 관련 직업 탐색하기

✖ 다음에 제시된 사이트에서 스포츠 관련 진로 교육 영상을 시청해 보자.

스포츠 진로 교육 영상
스포츠로 꿈에 도전하라

https://youtu.be/c5ByumjL_b8

(출처: 교육부, 경기도교육청, 인천대학교, (사)한국체육진로교육협회)

① 영상을 시청한 후 스포츠 관련 직업에 대해 새로 알게 된 점과 느낀 점을 적어 보자.

② 영상 속 직업 중 가장 관심 있는 직업과 그 이유를 적어 보자.

③ 4차 산업 혁명과 연관 지어 스포츠 관련 직업의 전망을 예측해 보자.

학생 활동지
2

학년 반 번 이름: 모둠명:

직업 탐색 마인드맵

1 '농구'하면 떠오르는 단어나 문장을 적어 보자.

2 농구와 관련된 직업을 마인드맵을 활용하여 그려 보자.

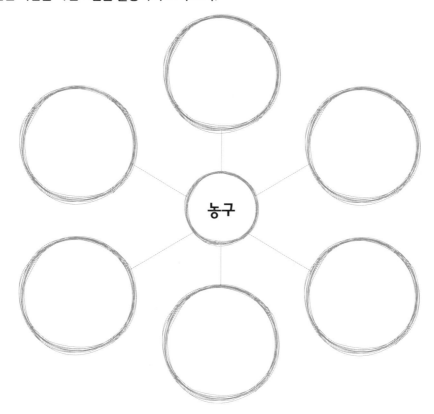

농구

3 2에서 적은 직업 중 자신이 흥미를 가지고 있는 직업과 그 직업을 갖기 위해 준비해야 하는 것을 적어 보자.

(만약, 농구 관련 직업에 흥미가 없다면 자신이 흥미를 갖고 있는 다른 영역의 직업을 선택하고 준비해야 하는 것을 적는다.)

학생 활동지 3

학년 반 번 이름: 모둠명:

자신의 적성과 흥미 탐색하기 1

SWOT 분석으로 자신을 파악하고, 단·장기 진로 목표를 수립해 보자.

① 자신 파악하기

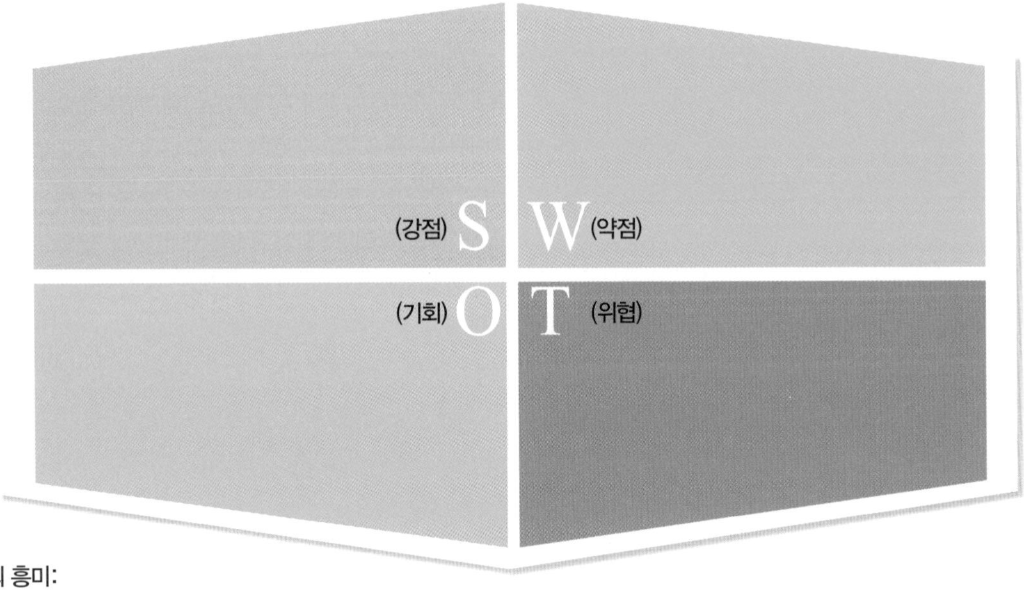
(강점) S
W (약점)
(기회) O
T (위협)

- 나의 흥미:
- 나의 적성:

② 단·장기 진로 목표 수립하기

항목	단기	장기
직업		
목표		
준비 사항	• • •	• • •
구체성		
측정 가능성		
달성 가능성		
현실성		
시기 적절성		

학생 활동지 **4**

| 학년 | 반 | 번 | 이름: | 모둠명: |

자신의 적성과 흥미 탐색하기 2

몸 관리	영양제 먹기	FSQ 90kg	인스텝 개선	몸통 강화	축 흔들지 않기	각도를 만든다	위에서부터 공을 던진다	손목 강화
유연성	몸 만들기	RSQ 130kg	릴리즈 포인트 안정	제구	불안정 없애기	힘 모으기	구위	하반신 주도
스테미너	가동역	식사 저녁 7술갈 아침 3술갈	하체 강화	몸을 열지 않기	멘탈 컨트롤	불을 앞에서 릴리즈	회전수 증가	가동역
뚜렷한 목표·목적	일희일비 하지 않기	머리는 차갑게 심장은 뜨겁게	몸 만들기	제구	구위	축을 돌리기	하체 강화	체중 증가
핀치에 강하게	멘탈	분위기에 휩쓸리지 않기	멘탈	8구단 드래프트 1순위	스피드 160km/h	스피드 160km/h	몸통 강화	어깨 주변 강화
마음의 파도를 안 만들기	승리에 대한 집념	동료를 배려하는 마음	인간성	운	변화구	가동력	라이너 캐치볼	피칭 늘리기
감성	사랑받는 사람	계획성	인사하기	쓰레기 줍기	부실 청소	카운트볼 늘리기	포크볼 완성	슬라이더 구위
배려	인간성	감사	물건을 소중히 쓰자	운	심판을 대하는 태도	늦게 낙차가 있는 커브	변화구	좌타자 결정구
예의	신뢰받는 사람	지속력	긍정적 사고	응원 받는 사람	책읽기	직구와 같은 폼으로 던지기	스트라이크 볼을 던질 때 제구	거리를 상상하기

❋ 로터스 발상법을 활용하여 자신의 진로를 위한 구체적인 목표를 세우고 실천해 보자.

• 로터스 발상법(만다라트법): 하나의 중심 목표를 이루기 위한 8가지 세부 계획이 또다시 8가지 세부 실천 계획으로 쪼개져 확장되므로 총 64개의 행동 계획이 만들어진다.

◀ 일본의 유명 투수인 오타니 쇼헤이가 고등학교 1학년 때 세운 목표 달성 계획표

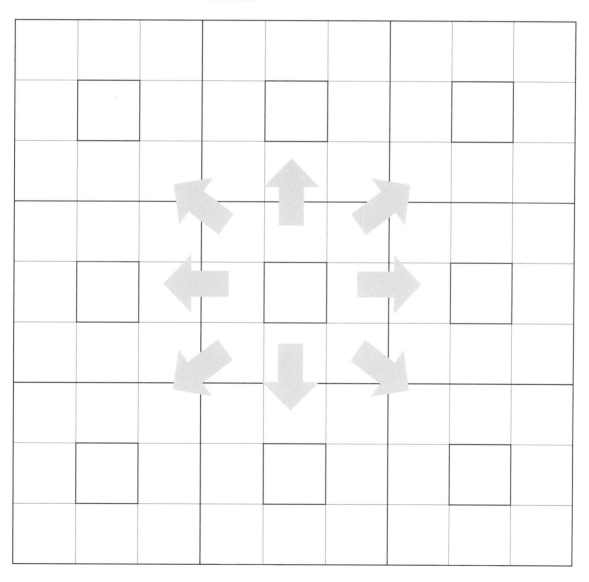

학년   반   번   이름: 모둠명:

농구 경기장의 다양한 직업 알아보기

✖ 농구 경기는 다양한 직업군이 모여 협력적으로 진행된다. 선수를 포함해 다양한 직업이 하는 일을 적어 보자.

직업	하는 일	직업	하는 일
선수		경기 감독관	
농구 감독		심판	
농구 코치		경기 기록원	
트레이너		계시원	
해설자		사진작가	
캐스터		기자	
치어리더		안전 요원	

서술형 평가 자료

➕ 스포츠와 관련된 자신의 진로(직업)를 한 가지 정하고, 진로(직업)를 정한 이유와 구체적인 실천 계획을 작성해 보자.

> 예 나의 희망 진로(직업)는 스포츠 기자이다. 스포츠 기자는 국내 또는 세계를 다니며 선수들의 경기를 관람하고 경기 중에 일어나는 상황들을 사실적이면서도 감동적으로 독자들에게 전달한다. 이러한 매력 때문에 중학교 때부터 스포츠 경기를 관람하고 관련 기사를 수집하는 취미를 가지게 되었다.
>
> 스포츠 기자가 되기 위해서는 대학의 신문방송학과에 진학해야 한다. 이를 위해서 전국 대학의 신문방송학과를 파악하고 지원 가능한 대학을 선택하여 내신과 비교과 활동, 수능 준비 계획을 세워 꾸준히 노력하고 있다. 그리고 틈틈이 스포츠 경기를 관람하고 관련 기사들을 탐독하여 스크랩하는 일도 꾸준히 하고 있다.
>
> 대학에 입학하면 언론과 관련된 학문적 지식을 쌓고 경기장에서 실습도 하며 언론 고시를 준비할 것이다.

채점 기준

평가 요소	수준	평가 기준
진로(직업)에 대한 구체적이고 체계적인 계획 수립	우수	진로 선택에 대한 이유가 구체적이고 진로를 위한 체계적인 계획을 세웠다.
	보통	진로 선택에 대한 이유가 구체적이지만 진로를 위한 계획의 체계가 모호하다.
	미흡	진로 선택에 대한 이유가 모호하고 체계가 없는 계획을 세웠다.

핵심 개념 평가

핵심 역량	평가 요소 (핵심 개념)	평가 기준	우수	보통	미흡
자기 관리 역량	자아 정체성	자신의 흥미와 적성을 정확하게 파악하였는가?			
	자신감 획득	다양한 스포츠 관련 진로 탐색을 통해 자신의 진로에 대한 탐색 의지와 용기를 가지게 되었는가?			
공동체 역량	사회적 참여	모둠 내 진로 탐색 활동을 통해 진로 선택을 위한 사회적 참여의 필요성을 느꼈는가?			
	공동체 이해	자신이 선택한 진로가 공동체에 미치는 영향을 이해하였는가?			
흥미도		활동에 흥미를 느끼며 적극적으로 참여하였는가?			

 평가의 방향

- 자신의 적성과 흥미를 파악하고 있는지 평가한다.
- 농구 또는 그 외 분야에서 자신의 진로를 탐색할 수 있는지 평가한다.
- 진로 탐색 과정에서 진로에 대한 자신감을 가지게 되었는지 평가한다.
- 진로에 대한 구체적인 실천 계획을 세울 수 있는지 평가한다.

학생 종합 평가 기록지

학생의 성장과 발달을 다음 양식을 활용하여 서술식으로 기록하되, 양식은 교사 개인의 성향, 학교의 특성, 반영 요소 등을 고려해 수정하여 사용하도록 한다.

반영 요소 / 학생	참여도(A), 흥미(B), 진로(C), 핵심 역량(D), 교과 역량(E)	종합 의견
A학생	예 주제 1. A—농구의 역사와 관련된 다양한 정보를 깊이 있게 조사함. B—농구가 대중 스포츠가 될 수 있었던 사건, 기록, 인물 등의 정보를 수집하는 과정에 흥미를 가짐. … 주제 8. … C—농구 해설가 역할을 맡아 경기의 흐름을 분석하고 흥미진진하게 해설하여 즐거운 분위기를 조성함. …	예 농구의 역사를 조사하는 과정에서 흥미를 가지고 적극적으로 참여하여 다양한 정보를 깊이 있게 조사함. 경기의 흐름에 대한 분석력이 뛰어나고, 농구 리그전에서 해설가 역할을 맡아 흥미진진한 해설로 즐거운 분위기를 조성함.
B학생		
C학생		
⋮		

작성요령

• 수업 중 기록한 내용을 바탕으로 기재한다.
• 수업 차시의 '주제 영역–반영 요소(알파벳으로 표시)–관련 내용' 순으로 기재한다.
• 기재된 내용을 종합하여 종합 의견으로 정리한 후 생활기록부에 기록한다.

주제 1
농구의 역사와 특성 알아보기

농구 ▶ 스마트폰과 교과서를 활용하여 농구의 탄생 배경과 역사적 흐름에 대한 정보를 수집하는 과정에서 신뢰성 있는 자료를 확보하기 위해 인내심을 가지고 많은 시간과 노력을 기울임. 모둠원과 함께하는 비주얼 싱킹 과제 수행 시 조사한 정보를 친구들에게 정확하게 설명하여 과제를 효과적으로 완성하는 데 기여함.

농구 ▶ 농구가 대중 스포츠가 된 계기와 더 인기 있는 대중 스포츠가 되기 위한 방안을 토의하는 과정에서 상대의 의견을 경청하고 공감하는 태도로 임하였으며, 자신의 의견을 메모하고 정리하여 알기 쉽고 명확하게 전달하는 모습이 돋보임.

농구 ▶ 모둠원과 함께 농구 스타를 조사하는 과제를 수행하면서 자신이 좋아하는 마이클 조던의 생애와 명언을 깊이 있게 조사하고 모둠원들과 공유함.

농구 ▶ 과거의 농구와 현재의 농구가 지니고 있는 차이점을 이해하고 구체적인 예를 들어 논리적으로 설명함. 농구의 탄생 배경과 우리나라에 농구가 소개된 계기를 명확하게 이해하고, 반 친구들 앞에서 발표하여 친구들의 이해를 돕는 등 농구에 대한 관심과 노력을 드러냄.

농구 ▶ 스테픈 커리에 대한 영상과 글을 읽고 자신의 생각을 적는 서술형 평가에서 커리의 포기하지 않는 근성과 노력을 구체적으로 잘 표현하였으며, 커리를 통해 배울 점을 설득력 있게 서술함.

주제 2
농구 기능 활용 체력 운동 프로그램 만들기

농구 ▶ 농구 기능을 활용하여 체력 운동 프로그램을 계획할 때 과학적 원리를 적용하여 효과적으로 체력 운동 프로그램을 개발함. 건강 관련 체력과 농구 경기 기능을 함께 향상시킬 수 있도록 민첩성, 순발력, 심폐 지구력을 중심으로 실천 가능한 프로그램을 작성함.

농구 ▶ 농구 기능을 활용한 체력 운동 프로그램에 흥미를 가지고 즐겁게 참여하였으며, 모둠 활동 시 드리블과 패스 기능을 중심으로 체력 운동 프로그램의 아이디어를 제안함. 프로그램 개발의 중요한 요소인 흥미를 위해 모둠원들이 지루하지 않도록 지속적인 아이디어를 제공하여 큰 호응을 얻었으며, 자신감을 가지고 모둠의 프로그램을 발표함.

농구 ▶ 체력 운동 프로그램의 과학적 원리를 이해하고 운동 시간과 운동 강도, 횟수 등을 고려하여 구체적인 체력 운동 프로그램을 개발함. 모둠원과 토의 및 실습하는 과정에서 농구에서 주로 사용되는 체력 요소인 순발력과 민첩성을 중심으로 한 게임 형식의 프로그램을 개발함.

농구 ▶ 농구에서 중요한 체력 요소와 체력 운동 프로그램 작성에 필요한 과학적 원리에 관심을 가지며, 모둠원과 심도 있게 협의하여 농구 기능 활용 체력 운동 프로그램을 계획함. 프로그램을 계획하는 과정에서 모둠원의 의견을 수렴하고 조율하며 원활한 토의가 이루어지도록 함.

주제 3 드리블! 슛! 꿈을 향한 도전과 희망	**농구 ▶** 드리블과 슛의 기초 기능을 익히는 과정에서 제시된 과제에 책임감 있고 성실하게 도전함. 드리블과 슛의 연결 동작 연습 시 공을 떨어뜨리지 않고 주어진 코스대로 안정감 있게 드리블하며 5번의 기회 중 5번을 성공시키고자 적절한 목표와 전략을 스스로 세우고 실천함.
	농구 ▶ 골을 넣기 위한 슛의 각도를 이해하기 위해 고민하고 꾸준히 슛 동작을 연습하여 자신만의 슛 동작과 효율적인 슛 각도를 체득함. 공의 회전이 있을 때와 없을 때 슛의 성공률이 어떻게 달라지는지 심도 있게 분석하며, 자신이 이해하고 체득한 내용을 친구들에게 지도하고 격려함.
	농구 ▶ 슛의 종류별 특성에 맞게 안정된 슛 자세를 취하며 꾸준한 연습으로 골 성공률이 높음. 드리블과 슛 연결 동작 시 골 성공률을 높이기 위해 전략을 세우고 이를 실현하고자 노력함.
	농구 ▶ 드리블과 슛 연결 동작을 연습하면서 잘못된 자세를 파악하고 개선하기 위해 노력하여 수업 후반부에는 눈에 띄게 자세가 좋아지고 기록도 향상됨. 드리블과 슛의 종류 및 방법을 명확하게 이해하고 있으며, 어떤 상황에서 어떤 드리블을 해야 하는지 분석하고 적용함.
주제 4 패스와 캐치! 꿈을 향한 도전과 희망	**농구 ▶** 농구의 패스 종류를 파악하고 상황에 적합한 패스를 연습하여 기량을 향상시킴. 패스된 공을 받을 때 팔을 뻗었다가 끌어당기는 동작에 숨은 충격량의 원리를 이해하고, 안정적으로 패스를 받기 위해 반복 연습함. 어깨 근력이 좋아 베이스 볼 패스로 하프라인을 훌쩍 넘길 정도로 긴 패스를 하며, 러닝 패스 활동 시 빠른 패스로 팀의 기록을 단축시키는 데 기여함.
	농구 ▶ 평소 농구에 흥미를 가지고 있어 패스 연습 시 주도적으로 참여하여 활발한 수업 분위기를 조성함. 초급 수준의 패스를 완벽하게 구사하며, 중급과 고급 수준의 패스도 실수 없이 안정적으로 실시하여 수업 중 시범 학생으로 역할을 수행함. 농구 패스의 과학적 원리를 이해하고 몸으로 구현할 수 있으며, 패스의 종류를 파악하여 경기에 적용하는 능력이 뛰어남.
	농구 ▶ 패스된 공을 캐치할 때 안정적으로 공을 받기 위한 과학적 원리를 이해하고, 꾸준한 연습을 통해 숙달함. 고급 패스 기능 중 비하인드 백패스에 흥미를 느껴 매 시간 연습하여 안정된 패스 능력을 가지게 됨. 러닝 패스 도중 손가락을 다치는 부상을 입었음에도 빠지지 않고 활동에 적극적으로 참여하려는 태도가 돋보임.
	농구 ▶ 농구 경기에 필요한 다양한 패스의 종류를 이해하고, 실제 경기 상황에 적용하기 위해 패스 연습에 성실하게 참여함. 평소 달리기를 좋아해 러닝 패스 시 즐거운 표정으로 참여하였으며, 다양한 러닝 패스 후 슛 자세와 골 여부를 기록하는 평가에서 우수한 기록을 획득함. 꾸준한 연습으로 실력과 자신감이 크게 향상됨.

주제 5 포지션별 역할과 특징 이해하기	**농구** ▶ 농구의 포지션별 역할과 특징을 이해하기 위해 스마트폰과 교과서를 활용하여 정보를 탐색하고 유용한 정보를 수집하였으며, 모둠 구성원들과 공유함으로써 모둠의 포지션을 효율적으로 구성하는 데 기여함. 신장은 조금 작지만 민첩성과 순발력이 뛰어나 모둠에서 가드 역할을 맡았으며, 다른 친구들의 특징을 파악하여 적절한 포지션에 배치해 주고자 노력함.
	농구 ▶ 농구의 포지션에 관심을 가지고 모둠의 대표 역할을 맡아 활동을 추진함. 농구의 포지션별 역할과 특징을 분석하고 포지션에서 요구되는 요소와 모둠원 개개인의 장점을 고려하여 포지션을 구성함.
	농구 ▶ 농구 경기를 위한 포지션을 구성할 때 구성원들의 의견을 경청하고 구체적인 근거를 들어 자신의 의견을 설명함으로써 모둠의 포지션 구성에 기여함. 전형적인 포지션 구성보다는 개인의 흥미와 선호에 더 초점을 두어 창의적으로 포지션을 구성하여 모둠원의 호응을 얻음.
	농구 ▶ 평소 농구에 흥미와 관심이 많아 농구의 포지션별 역할과 특징에 대한 정보를 신속하게 탐색하고 모둠원에게 알기 쉽게 설명함. 모둠원을 체력 수준과 체력 요소에 따라 구분하여 적재적소에 배치함으로써 효율적인 포지션을 구성하는 데 기여함. 다양한 경기 상황에서 포지션별로 어떤 역할을 수행해야 하는지 고민하고 창의적인 의견을 제시하여 모둠원의 공감을 얻음.

주제 6 공격 및 수비 전술 익히기	**농구** ▶ 경기 상황에 맞는 전략을 구사하기 위해 팀원들과 협력하여 팀 구성원의 특징을 분석하고, 다양한 전술을 적용하여 팀에 적합한 전술을 구상함. 팀 내에서 자신의 의견을 적극적으로 제안하여 팀의 목표를 실현하기 위한 구체적인 연습 활동을 계획하는 데 기여함. 실전 연습 상황에서 전술을 구사할 수 있는 상황을 재빠르게 판단하여 적합한 전술 기능을 수행함.
	농구 ▶ 팀원들의 전술 구사 능력을 분석하는 능력이 우수하며, 분석한 내용을 팀원들과 자유롭게 공유하여 적절한 팀 전략을 구안함. 팀 전술 연습 상황에서 팀원의 의견을 경청하여 여러 가지 전술 지식을 적용하며, 팀 전략을 수정하는 과정에 적극적으로 참여함. 순발력과 민첩성이 뛰어나 팀 공격 전술 연습에서 속공 기능을 우수하게 수행함. 지역 방어 수비 전술에서 팀 협업의 중요성을 잘 알고 있으며, 적극적으로 수비 전술을 구사할 수 있도록 팀원들을 격려하고 지지함.
	농구 ▶ 다양한 공격 전술 중 특정 전술을 어떤 상황에서 적용하는지 잘 이해하고 있으며, 자신의 큰 키를 활용한 포스트 플레이에 관심을 가지고 전술 수행에 필요한 움직임 경로를 세밀하게 분석함. 개인 전술 능력을 향상시키기 위해 기초 체력 훈련 및 기본기 훈련에 즐겁게 참여하였으며, 실전 연습 도중 빠른 상황 판단력으로 수비 리바운드에 이은 즉흥적인 스크린플레이를 펼쳐 모둠원의 큰 호응을 얻음.
	농구 ▶ 농구의 전술 지식과 관련된 정보를 교과서, 잡지, 영상 매체, 스마트폰 등을 활용하여 탐색하고, 경기 상황에 적합한 공격 전술과 수비 전술을 재구성하는 정보 처리 능력이 우수함. 상대 팀의 구성 특징과 공격 전술을 분석하여 적절한 팀 수비 전술 아이디어를 제공함으로써 지역 방어 수비 전략을 구성하는데 기여함. 연습 수행 후 평가 활동에서 팀원의 의견을 경청하고 수렴하여 자신이 부족한 부분을 파악하며, 이를 연습 계획에 포함하여 수행함.

주제 7 모둠별 농구 리그 경험하기	**농구 ▶** 모둠별 리그전에 가드로 참여하여 경기의 흐름을 파악하고 공격과 수비를 조율하는 역할을 성실히 수행함. 넓은 시야를 가지고 빈 곳에 정확히 패스하여 득점 기회를 제공하고, 빠른 수비 전환으로 상대 팀의 공격을 차단함으로써 모둠의 승리에 기여함. 경기 중 발생하는 몸싸움 상황에서 넘어진 상대 팀 친구를 일으켜 주는 매너 있는 모습을 보이는 등 규칙을 준수하고 정정당당하게 경기에 참여함. **농구 ▶** 모둠별 리그전에 포워드 역할을 맡아 외곽 슛과 빠른 속공 위주의 기능을 수행함. 공격과 수비의 전환이 신속하고 장거리 슛이 뛰어나 위기 상황 때마다 3점 슛을 성공시켜 모둠을 위기에서 구하였으며, 골 성공 시 세리모니와 공격 시 파이팅을 외치는 등의 동작으로 모둠의 사기를 높이고 즐겁게 경기가 이루어지도록 함. **농구 ▶** 모둠별 농구 리그전에서 센터 역할을 맡아 골밑 슛과 리바운드 기능을 수행함. 큰 키를 활용하여 패스 받은 공을 정확하게 골대에 넣고, 지능적인 골밑 위치 선정으로 리바운드한 공을 정확하게 패스하여 득점 기회를 제공함. 많은 활동량으로 수비 대형을 무너뜨리고 공격 기회를 만들어 경기 운영을 유리하게 이끄는 데 크게 기여함. **농구 ▶** 모둠별 리그전에서 가드 및 모둠의 주장 역할을 맡아 경기의 흐름을 조율하고 전략을 구상하여 원활한 경기가 이루어지도록 노력함. 전반적으로 신장이 작은 모둠의 특성을 고려하여 골밑 플레이보다는 외곽 슛과 속공 위주의 공격 전략을 구사하였으며, 수비 시 지역 방어 전략을 구사하여 골밑으로 공격해 오는 상대 선수들을 협동하여 차단함. 모둠원들의 플레이를 응원하고 격려하여 즐거운 분위기에서 모둠원들이 경기에 참여할 수 있도록 하였으며, 정정당당하게 규칙을 지키고 상대 선수를 배려하는 등 높은 수준의 경기 참여 의식을 지님.
주제 8 페어플레이로 행복한 농구 축제	**농구 ▶** 모둠별 리그전에 선수로 참여하여 페어플레이 실천 서약서를 작성하고, 상대 팀을 배려하고 존중하며 정정당당하게 경기에 임함. 심판의 지시와 경기 규칙을 준수하고 공정하게 경기에 참여하여 페어플레이를 실천함. **농구 ▶** 모둠별 리그전에 심판으로 참여하여 정확한 심판의 수신호로 경기를 원활하게 진행함. 특히 선수가 반칙을 했을 때는 왜 반칙을 선언했는지 정확한 용어와 함께 설명하며, 선수들끼리 다툼이 있을 때는 테크니컬 파울을 선언하는 등 심판의 역할을 제대로 알고 이를 경기 진행에 적용함. **농구 ▶** 모둠별 농구 리그전에 아나운서로 참여하여 스포츠 중계에 필요한 선수 정보, 양 팀 전력, 전문 용어, 스포츠 상식 등을 준비하여 완벽하게 역할을 수행함. 경기 방법과 규칙을 이해하고 있으며 이를 경기 중에 일어나는 상황에 맞게 멘트하여 친구들의 이해를 돕고, 재미있는 이야기를 하거나 선수가 실수를 해도 재미있는 입담으로 친구들의 인기를 독차지함. **농구 ▶** 농구 경기 중에 주로 발생하는 운동 상해와 이를 예방하고 대처하는 방법을 정확히 알고 모둠별 리그전에 안전 요원으로 참여함. 응급 구조 3C 원칙을 숙지하고 있으며, 경기에서 찰과상을 입은 친구의 상처 부위를 소독하고 2차 감염을 막기 위해 연고를 바르고 소독된 거즈를 덮는 등의 조치를 취함. 기타 안전사고 발생 시 해야 할 사항을 정확히 알고 있고, 안전사고 발생 시 이를 실행하려는 의지를 보임. 활동 후에는 경기 중 발생한 상황을 그림일기 형식으로 참여 소감문을 작성함.

주제 9

농구로 꿈꾸는 나의 미래

농구 ▶ 스포츠 관련 진로 교육 영상을 시청하고 스포츠와 관련된 다양한 진로를 이해하게 되었으며, 모둠 활동 시 제공된 농구 관련 서적과 신문 기사를 읽고 농구 관련 진로와 직업을 조사하여 그 결과를 모둠원과 공유함. 평소 관심을 가졌던 마케팅과 농구 관련 직업을 연관 지어 스포츠 마케팅 분야에 관심을 보이며, 단기 목표와 장기 목표로 나누어 구체적인 진로 계획을 세움. 농구를 통한 진로 탐색으로 자신의 진로에 대해 확신을 가지게 되었고, 노력하면 이룰 수 있다는 자신감을 가지게 됨.

- -

농구 ▶ 스마트폰을 활용하여 다양한 농구 관련 진로와 직업을 탐색하고 그 결과를 활동지에 꼼꼼하게 기록함. 농구 관련 진로와 직업 탐색 활동을 통해 농구 선수 외에 농구와 관련된 다양한 진로와 직업이 있음을 발견하고 진로와 직업의 다양성과 가치 및 공동체에 미치는 영향을 알게 됨. 자신의 꿈인 기자라는 직업과 연관 지어 스포츠 기자가 되기 위한 구체적인 실천 계획을 단기 목표와 장기 목표로 나누어 세우고 모둠원과 공유함.

- -

농구 ▶ '농구로 꿈꾸는 나의 미래' 활동에 참여하여 농구와 관련된 다양한 진로와 직업을 이해하고, 친구들의 다양한 희망 진로와 직업을 알게 됨. 활동 전에는 자신의 진로에 대해 막연한 생각만 있을 뿐 명확한 계획이 없었으나, 수업을 통해 진로 탐색의 중요성을 깨닫고 로터스 발상법을 활용해 구체적인 실천 계획을 세워 실천하고자 노력함.

- -

농구 ▶ '농구로 꿈꾸는 나의 미래' 활동에 참여하여 평소에 깊이 고민하지 않던 자신의 흥미와 적성을 생각해 보고 구체적인 달성 계획을 세우는 시간을 가짐. 농구를 비롯한 다양한 구기 종목에 자신이 흥미가 있음을 발견하고 진로를 위한 구체적인 단기 계획과 장기 계획을 세우고 실천하고자 다짐함.